대학생활의 진로돋보기

대학 생활의 진로 돋보기

박완성 · 문윤경 · 채희원 공저

동 문 사

머리말

이 교재는 취업에 대한 정보를 주기보다는 학생들의 신비로운 삶의 흐름을 터주기 위한 돋보기이자 메커니즘이다. 정보화 시대를 넘어 4차 산업혁명의 시대를 살고 있는 대학생들에게 그들의 진로를 딱 하나로 확정해서 찍어주는 시대는 이미 지났다. 따라서 진로와 직업에 대한 유연한 사고를 가지고 자신의 길을 개척할 수 있는 자기 주도적 진로지도를 할 수 있도록 역량을 개발하면 좋겠다는 생각으로 본 교재를 집필하였다. 이 교재는 강의실에서 대학생들의 진로와 삶에 도움을 주려고 힘쓰고 있는 모든 교수자를 위해 제작되었다. 특히 대학교에 입학한 학생들이 현실적으로 고등학교에서 체계적으로 진로교육을 받은 학생과 그렇지 못한 학생 사이에 갭이 존재하고 있는 상황에서 본 교재를 통하여 체계적인 진로교육을 받을 수 있도록 도움을 주려는 의도에서 저술되었다.

이 교재는 총 5 Part로 구성되어 있다. Part 1은 삶과 미래, Part 2는 대학생활 활용법, Part 3은 진로성찰, Part 4는 성공취업의 비밀, Part 5는 자기표현과 직장생활이다. Part 1 삶과 미래는 제1장 행복한 나의 삶, 제2장 미래탐구와 직업변화를 담고 있다. Part 2 대학생활 활용법은 대학생활 안내서로, 제3장 공부의 신으로서의 학습전략, 제4장 미래를 이끄는 대외활동, 제5장 '168시간' 나의 시간은 어디에로 시간 관리전략에 관한 내용을 담고 있다.

Part 3은 진로성찰의 기본이라고 할 수 있는 나를 알아가는 부분이다. 제6장은 위기의 순간 나를 돕는 '흥미', 제7장은 나의 딜레마 '성격', 제8장은 꼭 알아야 하는 이야기 '적성'으로 구성되어 있다.

Part 4는 성공취업의 비밀로써 필요한 직무와 커리어로드맵 작성을 직접 해 보는 과정으로, 제9장은 직무별로 K(Knowledge, 지식), S(Skill, 기술), A(Attitude, 태도) 영역으로 나누어 필요한 역량이 무엇인지 살펴본다. 제10장에서는 자신의 경력단계 유형을 확인하고 커리어로드맵 작성을 통하여 대학생활의 계획을 세워 사회에서 요구하는 역량을 가진 인재가 되기 위한 기초를 마련해 본다. Part 5는 자기표현과 직장생활로 제11장에서는 글쓰기와 책읽기, 제12장은 입사에 필요한 이력서와 자기소개서 작성법, 제13장에서는 어떤 말하기 '면접', 제14장에서는 직장에서 성공적인 직장생활을 하기 위한 윤리적 가치와 직장에서의 예절에 대한 팁을 제공하고 있다.

이 책을 지은 집필진은 현장에서 진로교육의 전문가라고 자신하며 여러 차례 회의를 통하여 주제를 정하고, 각 장별로 집필에 대하여 고뇌하며 일정한 내용 순서에 대하여 공감하였다.

각 장마다 학습개요, 학습목표를 제시하여 각 장의 윤곽을 파악하도록 하였으며, 학습자들이 도달해야 하는 수준을 학습목표의 형식으로 작성해 보았다. 그리고 마음을 열고 학습자들을 준비시키기 위하여 읽을거리와 생각해보기를 제시하였다. 본문, 단원평가, 참고문헌 등 체계적으로 각 장을 집필하였다. 그리고 본문에는 각 장의 주요 내용과 더불어 활동(activity)을 다수 삽입하여 액티브 러닝이 가능하도록 하였다.

본 교재는 저자들이 여러 해 동안 강의를 진행하면서 강의의 목적에 맞게 계열화하여 체계적으로 기술하였다. 또한 관련 서적 및 연구 결과와 활동을 가져와 저자들의 관점에서 정리하였다. 그 과정에서 자주 바뀌는 첨단의 지식을 다 반영하기에는 한계가 있으며, 저자들의 식견이 부족하여 기존의 연구 결과와 지식을 활용한 면도 있음을 표현하고 싶다. 이러한 아쉬움과 부족함은 앞으로 지속적인 수정과 보완을 통해 업그레이드할 것이다.

이 책을 읽는 사람들은 주로 대학생이 될 것인데, 1학년 때부터 자신의 진로계획을 세우고 체계적으로 진로를 준비하여 인생을 멋지게 살기를 원하는 학생들에게 큰 도움이 되기를 바란다. 그리고 이러한 저자들의 마음을 활동란에 직접 작성해 봄으로써 자기암시를 하고, 더 나아가 동료들과 그 활동 결과를 나누어 공유한다면 그 효과는 더욱 증대될 것으로 확신한다.

끝으로 이 책의 출간을 기꺼이 허락해 주신 동문사 이중수 사장님, 여러 번 발걸음을 하여 큰 관심을 보여주신 유재영 상무님 및 편집팀의 직원 여러분께 진심으로 깊은 감사를 드린다.

2021년 2월

대표 저자 박완성

차 례

차 례

Part 02 대학생활 활용법

Part 03 진로성찰

Part 05 자기표현과 직장생활

PART 01

삶과 미래

CHAPTER

행복한 나의 삶 01

학 | 습 | 개 | 요

- 행복이란 일반적으로 삶 전체에 대하여 한 인간이 느끼는 보람과 깊은 만족을 뜻한다. 행복의 기본 조건은 건강, 경제적 안정, 자아실현, 봉사, 원만한 인간관계, 가정의 감화력이라고 할 수 있다. 그리고 행복한 사람의 특징은 자아존중감, 개인적 통제감, 낙천주의이다.
- 일을 통해 얻는 행복이 최고의 행복이며, 우리는 인생목표, 즉 우리가 중요하게 생각하는 가치관 및 생활양식을 실현하기 위해 일을 하고 직업을 선택하여 수행하게 된다. 이러한 인간의 전 생애에 걸쳐 이루어지는 계속적인 과정이 진로발달이므로 생애설계 역시 청소년 시기에만 국한되는 활동은 아니다. 개인으로 하여금 평생 미래에 대한 비전과 꿈을 통하여 삶의 희망과 동기를 갖게 만드는 일이 생애설계인 것이다.
- 이 단원에서는 일을 통해 얻는 행복에 대하여 살펴보고 평생동안 행복한 삶을 살기 위한 생애설계를 해 보고자 한다.

학 | 습 | 목 | 표

1. 행복의 정의와 기본조건, 행복한 사람의 특징에 대하여 이해할 수 있다.
2. 일을 통해 얻는 행복, 직업의 의의, 생애설계에 대하여 이해하고 자신의 생애계획을 세울 수 있다.

읽을거리

박지성이 아버지께 드리는 편지

아버지, 함께 즐기던 '공놀이'가 이젠 제 인생의 전부가 되었습니다.

아버지, 제가 어렸을 때 학교운동장에서 저랑 같이 축구했던 거 기억나세요? 아버지가 공을 차면 제가 쫓아다니며 태클을 걸고, 제가 공이라도 뺏으면 아버지가 열심히 수비를 하셨던 모습들이 잊히지 않아요. 그때 저한테 축구는 놀이였어요. 아버지랑 유일하게 같이 할 수 있는 놀이가 축구였으니까요. 그때나 지금이나 아버지는 항상 대하기 어려운 분이시지만, 이상하게도 축구를 할 때만큼은 아버지가 달라지시더라고요. 웃음도 많아지고 저한테 별로 화도 안 내시고, 더욱이 축구할 때 아버지가 하신 지적들은 감독님 못지않게 정확하셨어요.

축구를 시작하면서부터 지금까지 제 인생의 중심에는 항상 아버지가 존재했습니다. 아버지가 계셨기에 제가 축구를 포기하지 않았고, 아버지를 떠올리며 힘든 것도 참고 이겨내려고 노력했습니다. 한때 아버지의 불같은 성격이 원망스러웠던 적도 있었어요. 그러나 아버지의 그런 완고함이 실수하지 않고, 책임을 다하려는 '선수 박지성'을 만들었다고 생각합니다. 만약 아버지가 안 계셨더라면 축구선수로의 삶이 제대로 완성돼 가지 않았을 거예요. 지금도 아버지는 경기가 끝날 때마다 항상 저한테 전화를 해주시죠. 제가 벤치만 지키다가 들어올 때도, 언제나 전화로 용기와 격려를 해주십니다. 물론 가끔씩 쓴 소리도 하시지만 어느 순간부터 경기 후엔 아버지의 전화를 기다리는 제 자신을 발견하게 됩니다. 아버지로부터 전화가 오지 않는다면, 그때는 아마 제가 유니폼 입고 그라운드를 뛰어다니지 않을 때겠죠.

박지성의 아버지로 살아가는 것도 만만치 않다는 거, 세상 사람들이 얼마나 알고 있을까요?

숱한 말과 말들 속에서도 절 지켜주시고, 잘 이끌어주셔서 정말 감사합니다. 저도 아버지 성격 닮아서 감정을 표현하는데 서투르기 그지없지만, 지금은 아낌없이 모든 걸 꺼내 보이고 싶어요. 아버지의 존재가 박지성한테는 큰 힘이 된다고 말이죠.

2010년 여름, 박지성

자료: 박성종(2010). 가슴으로 꾼 꿈이 행복한 미래를 만든다. 서울: 서울문화사.

생각해보기

- 행복이란 무엇이라고 생각하나요?
- 당신이 생각하는 행복이란 무엇입니까?

1. 행복이란?

우리는 일생을 통해 행복한 삶을 살고자 한다. 어느 누구라도 행복하기를 바라지 않는 사람은 없다. 우리나라 헌법에도 누구나 행복을 추구할 권리가 있다고 명시되어 있다. 그런데 “왜 우리는 이토록 행복을 원하는 것일까?”, “요즈음 우리는 얼마나 행복할까?”라는 질문에 대해 대답하기란 쉽지 않다. 이러한 질문에 적절하게 대답하기가 결코 쉽지 않은 것은 행복이란 이러이러한 것이라고 하는 객관적인 기준이 없기 때문이다. 우리 주위에서 자기가 행복하다고 말하는 사람을 찾아보기란 쉽지 않다. 다만 저 사람은 정말 행복할 것이라고 생각할 뿐이다.

아리스토텔레스(Aristoteles)는 일찍이 모든 사람의 삶의 궁극적인 목적은 ‘행복’에 있다고 하였다. 즉, 사람들은 각각 다른 길에서 다양한 모습으로 생활하면서 무엇인가를 성취하려 애쓰고 있지만, 결국 모든 사람이 행복을 추구하고 있다는 것이다. 그렇다면 행복이란 무엇인가? 행복이란 일반적으로 삶 전체에 대하여 한 인간이 느끼는 보람과 깊은 만족을 뜻한다. 즉, 자신의 삶이 소중하고 가치 있음을 깨닫고 만족할 때에 행복을 느낄 수 있다. 그런데 사람에 따라 보람과 만족을 느끼는 대상이 서로 다를 수 있다. 그 만족의 대상을 돈, 명예, 지위와 같은 외면적 가치에서 찾는 사람이 있는 반면에, 사랑과 우정, 인격과 사상, 학문과 예술 같은 내면적 가치에서 찾는 사람도 있다.

2. 행복의 기본 조건

행복의 기본 조건에 대하여 김태길 외(1986)는 건강, 경제적 안정, 자아실현, 봉사, 원만한 인간관계를 들었다. 그러나 여기서는 이 다섯 가지 조건에다가 가정의 감화력을 더 포함시킨다.

1) 건강

인간이 행복하기 위한 첫 번째 조건은 건강이다. 건강을 잃고서는 진정한 행복도 맛볼 수 없기 때문이다. “재산을 잃는 것은 조금 잃는 것이고, 명예를 잃는 것은 많이 잃는 것이며, 건강을 잃는 것은 모두를 잃는 것이다.”라는 말이 있다. 이 말이 의미하는 바는 건강이야말로 모든 사람에게 가장 소중하다는 것을 잘 나타내주는 말이다. 사실 건강을 잃고 진정한 행복을 찾는다는 것은 매우 어려운 일이다. 그러므로 진정으로 행복하고자 원하는 사람은 나이의 많고 적음을 막론하고 매우 건강해야 한다. 그런데 자신의 건강하지 못함이 주위 사람들의 행복을 해치는 경우도 많다. 따라서 개인의 건강은 본인을 위해서 뿐만 아니라 가족들, 더 나아가 주위 사람들의 행복에도 크게 영향을 미치는 요소라고 볼 수 있다.

2) 경제적 안정

만족한 삶을 누리기 위해서는 기본 생활을 영위할 수 있는 경제적 안정이 있어야 한다. 굶주리거나 배고플 때에 깊은 만족을 느낄 경우가 있다. 그러나 그러한 만족은 일시적인 것이며, 계속되는 빈곤 속에서 삶 전체에 대한 지속적인 만족을 느낀다는 것은 아주 어려운 일이다. 그리고 필요 이상의 물질적 풍요가 행복을 더 가져다주는 것은 아니며, 물질적 풍요에 비례해서 만족이 늘어나는 것도 아니다. 따라서 물질적 풍요는 인간이 기본을 생활을 영위하는 수준에서도 만족할 수 있다.

3) 자아실현

매슬로우(Maslow, A.)는 인간의 욕구를 단계별로 나누어 제시하였다. 신체의 욕구, 안전의 욕구, 소속감과 애정의 욕구, 자존과 존경의 욕구, 마지막으로 가장 높은 욕구로 자아실현과 지적, 심미적 욕구를 들었다. 자아실현의 욕구란 우리 스스로 정신적 또는 육체적으로 발전하고 있음을 의식할 때 인간으로서의 만족, 즉 행복을 느낀다는 것이다. 자기의 능력이나 기량 또는 신망 등이 어제보다 오늘이 낫고, 오늘보다 내일이 낫다는 것을 의식할 때 인간은 삶 전체에 대하여 깊은 만족감을 느낀다.

4) 봉사

인간은 혼자서 살 수 없고, 인간의 행복 또한 사회적인 삶 속에서 실현이 가능하다. 그러므로 우리는 자신이 속해있는 공동체 내지 집단을 위해서 떳떳한 구실을 하는 필요한 존재라는 스스로 인정할 때 인간으로서의 깊은 만족과 행복감을 느낄 수 있다. 자신이 속해있는 집단에서 그 집단과 그 집단이 속해 있는 사람들에게 무엇인가를 할 수 있다는 것은 그 집단을 위해서나 본인을 위해서나 매우 중요하다. 왜냐하면 집단 속에서 자신의 존재가치를 인정받을 수 있을 뿐만 아니라 자신의 자아실현을 위해서도 봉사는 매우 큰 역할을 하기 때문이다.

5) 원만한 인간관계

인간은 사회적 동물이다. 그러므로 사람은 태어나면서부터 가족, 친구들, 이웃, 시민 등 여러 사람들과 관계를 맺으면서 살아간다. 원만한 인간관계는 자신뿐만 아니라 주위 사람들의 행복에도 영향을 미치는 요소들 중 하나이다.

여기에서 대인관계가 원만하다는 것은 넓은 의미에서 사랑으로 맺어진 관계가 많다는 것이고, 대인관계가 좋지 않다는 것은 넓은 의미에서 미움으로 맺어진 사람과의 관계가 많다는 것을 말한다. 그런데 인간이 인간으로서의 환희를 가장 훈훈하게 느끼는 것은 사랑의 감정 속에서이며, 인간이 인간으로서의 비애를 가장 심각하게 느끼는 것은 미움의 감정 속에서이다.

6) 가정의 감화력

가정은 나의 시작이자 출발점이다. 가정은 나의 삶의 원천이요 에너지를 충전하는 탱크이다. 최근에 발생하는 개인의 여러 가지 고민과 사회적 문제점의 이면에 가정의 문제가 있다는 것을 부인하지 않는 사람은 별로 없을 것이다. 가정에서 충분한 삶의 활력을 받지 못한 사람은 학교, 사회, 직장, 군대 등에서 여러 가지 적응, 스트레스 등의 문제로 본인도 힘들고 어려운 생활을 해 나가는 것은 물론이고 본인이 속한 집단에도 많은 문제를 일으키고 있다. 따라서 화목한 가정이야말로 행복을 가져다주는 주요한 조건임에 틀림없다.

또한 부모의 자녀에 대한 영향력은 지대하다. 부모가 자녀와 함께 시간을 보내고 경험을 공유한다는 것은 자녀를 위한 가장 값진 투자 중의 하나이다.

3. 행복한 사람의 특징

행복한 사람들의 특징을 살펴보면 행복이 무엇인가에 대한 윤곽을 그릴 수 있게 된다. 흔히 경제적으로 넉넉하면 행복해질 것으로 생각한다. 그렇다면 "물질적으로 부유한 나라에 사는 사람들은 모두 행복한 것일까?", "돈이 많은 사람들은 적은 사람들에 비해 더 행복한 것일까?"

돈이 있음으로써 돈이 가져다주는 자유와 시간적 여유와 선택의 자유를 누리는 것은 사실이다. 하지만, 정말로 큰 기쁨은 아이들이 자전거를 타면서 즐겁게 노는 모습을 볼 때, 계획했던 과업을 예정대로 마무리 지었을 때, 친구와 함께 웃고 함께 눈물을 나눌 때, 사랑하는 가족과 조용한 바닷가를 느낄 때 느끼는 작은 일들에서 발견되는 것이다.

행복한 사람의 특징은 자아존중감, 개인적 통제감, 낙천주의라고 볼 수 있다.

첫째, 먼저 행복한 사람들은 자신을 좋아한다[자아존중감]. '사람들이 나와 함께 있으면 무척 재미있어 한다.', '나는 좋은 아이디어가 많은 사람이다.' 등과 같은 건강한 자존심은 긍정적이며, 현실적이어서 현실에 기반을 둔 이상을 순수하게 성취하고 있는 그대로의 자신을 받아들이려는 태도로 살아가게 된다. 그래서 행복한 외양에 어느 정도 이기적이고, 긍정적 편견이 있을 수는 있어도 건강한 자존감은 좀 더 영구적인 기쁨을 누릴 수 있는 확고한 기초를 마련해 준다.

둘째, 행복한 사람은 자기의 운명을 선택할 수 있다고 믿는다[개인적 통제감]. 행복감을 예언할 수 있게 하는 것은 생활의 다른 어떤 객관적 조건보다는 자신이 자기 인생을 스스로 통제할 수 있다고 생각하는 자기 통제감이다. 통제감 상실은 가난에서 오는 스트레스를 더 악화시킨다. 돈이 주는 조그마한 행복감은 우리가 원하는 것을 가지게 하는 데서 오는 것이 아니라, 우리가 원하는 것을 할 수 있게 하는데서, 즉 우리 생활을 스스로 해나가는 권한을 부여받은 느낌에서 오는 것이다. 개인의 통제감을 높여주면 건강과 사기도 높아진다. 자기의 시간을 잘 관리해서 통제감을 갖는 사람 역시 행복하다.

셋째, 행복한 사람은 희망에 가득 차 있다[낙천주의]. 낙천적인 사람은 성공을 더 많이 한다. 이들은 실수를 자신의 무능력으로 보지 않고 재수나 시도를 해보라는 신호쯤으로 생각한다.

4. 일을 통해 얻는 행복

> "가장 행복한 삶은 가장 재미있는 생각을 하는 삶이다." – 드와이트

우리의 삶은 일의 연속적인 과정이라고 할 수 있다. 우리가 일을 하는 현장인 직장에서 우리는 많은 시간을 보내고 있다. 우리가 직업생활을 통

해 인간관계를 맺고, 삶의 의미와 자아를 실현하는 과정이 바로 일인 것이다. 일과 직업 활동은 우리 자신의 삶 우리의 행동과 사고, 가치관, 정서에 지대한 영향을 미친다.

1) 일이 우리의 삶에 미치는 영향

어디에서 무엇을 하며 시간을 보내느냐로 우리의 인생을 나눈다면, 가장 큰 범주에 드는 것이 우리가 직장 생활을 통해 수행하는 일이라 할 수 있다. 보통 사람들은 평생 동안 약 80,000시간 이상을 직장에서 일을 하면서 보낸다. 우리의 삶을 통해 궁극적으로 추구하는 목적이 행복을 실현하는 것이라고 한다면, 행복을 실현할 수 있는 조건들은 결국 우리가 일상적으로 하는 일을 통해 달성될 수 있다. 일을 통해 경제적인 수입을 올릴 수 있고, 일을 통해 건강을 유지할 수도 있다.

매슬로우(Maslow, A)의 견해와 같이, 생산적이고 의미있는 일을 통해 자아실현을 도모할 수 있게 된다. 사람은 일을 통해 자신의 잠재능력을 최대한으로 발휘할 수 있고, 일을 통해 떳떳하게 인정받을 수도 있으며, 인간관계도 형성되는 것이다. 우리는 인생목표, 우리가 중요하게 생각하는 가치관 및 생활양식을 실현하기 위해 일을 하고 직업을 선택하여 수행하게 된다.

2) 일에서의 인간관계

인간은 사회적 동물이다. 즉, 인간은 사회 속에서 살아갈 때 존재의 가치와 의미를 가진다. 사회 속에서 존재한다는 것은 필연적으로 사람들과의 관계가 전제된다. 인간은 타인과 협조하며 살고, 그 협조에 의해 사회가 유지, 발전되는 것이다.

직장에서의 인간관계는 학교에서의 인간관계와는 차이가 많다. 학교에서의 인간관계는 주로 같은 세대인 친구관계, 즉 횡적인 관계가 대부분을 차지한다. 반면, 직장에서의 인간관계는 연령층이 다양하며, 상사와 부하라는 종적인 관계 위주로 인간관계가 형성된다. 또, 학교에서의 인간관계는 본인이 원하지 않으면 인간관계의 주된 대상인 친구를 보지 않고도 살 수 있을 만큼 자기중심적이다. 하지만, 직장에서는 회사의 발전이라는 하나의 목표를 추구하기 때문에 모든 부서가 직원간의 상호 긴밀한 업무협력을 필요로 하므로 싫어하는 사람과도 관계를 맺어야 한다.

3) 삶과 일의 긴장과 조화

직업상담가인 Richard N. Bolles(1979)는 '인생의 세 가지 상자'라는 책에서 인생을 설계하는 새로운 방법을 제시하고 있다. 인생의 세 가지 상자란 인생 생애의 세 가지 영역, 즉 교육, 직업, 여가를 말한다. Bolles에 의하면 우리들 대부분은 20년 정도의 세월을 학업에, 다음 40년간은 주로 직업에 그리고 나머지 인생은 여가로 보낸다고 한다.

이러한 접근의 문제는 한 번에 인생의 한 가지 측면에만 전념함으로써 우리가 할 수 있는 한 맘껏 인생의 각 시기를 즐기지 못하고, 인생의 다음 단계에 대비하지 못한다는 것이다. 예를 들면, 수십 년간 학업과 일에 몰두함으로써 사람들은 어떻게 노는지를 잊어버린다. 결과적으로 은퇴해서 원하는 여가시간을 갖게 될 때, 너무나 많은 사람들이 어떻게 해야 할지 모른다. 그러나 만약 사람들이 이 세 가지 영역을 일생에 걸쳐 양립시킨다면 인생은 더 풍요롭고 만족스러운 것이 될 것이라고 그는 주장한다. 따라서 직업을 갖고 일을 하는 기간에도 교육, 직업, 여가가 항상 균형을 맞추는 것이 필요하다.

5. 직업의 의미와 3가지 기능

직업(職業: Occupation)은 먹고 살기 위해서 사회적으로 일정한 신분과 지위를 유지하는 일이다. 즉, 급료를 받고 생활을 유지하기 위하여 자기의 적성과 능력에 따라 한 가지 일에 종사하는 지속적인 사회 활동으로서 개인이 계속적으로 수행하는 경제 및 사회활동의 종류이다. 직업은 다음과 같이 3가지의 의미를 갖는다(박혜남, 2010).

1) 경제적 의미-재화를 얻어 생활을 영위함(생계와 관련)

대부분의 사람들은 생계를 위지하기 위해 직업을 갖게 된다. 직업은 경제적인 보상을 통해서 우리로 하여금 원하는 것들을 얻을 수 있도록 해준다. 따라서 사람들이 직업을 갖게 되는 가장 큰 이유는 바로 생계유지에 있다고 할 수 있다. 특히 현대사회에서는 직업을 갖고 일을 하지 않으면 생활자체가 불가능하다.

2) 사회적 의미-사회에 봉사하고 보람을 느낌

인간은 집단을 형성해서 집단의 구성원으로 살아간다. 집단이나 사회가 유시되고 빌진해 니기기 위헤서는 각 구성윈들이 가자 나름대로 역할 분담을 해서 맡은 일을 잘 수행해 나가야 한다. 이러한 역할분담이 바로 직업인 것이다. 직업은 단순히 보수를 받은 것에 그치지 않고, 사회에 공헌하는 능동적인 측면을 갖고 있다. 사회적 역할분담으로서의 직업 자체가 사회봉사의 기능을 갖는다는 말이다.

3) 심리적 의미-자기의 이상과 꿈을 가지고 실현함(자아실현)

사람마다 능력과 흥미, 개성이 다르기 때문에 각자 자신의 특성에 맞는 직업을 선택하게 된다. 이 때 직업은 경제적 의미나 사회적 차원을 벗어나서 개인의 개성 발휘 내지는 자아실현의 의미를 갖게 한다. 인간에게 가장 큰 의미와 보람을 느끼게 하는 것은 일을 통해서 자신의 잠재력을 최대한 발휘하는 것이다. 자아실현 욕구의 충족은 궁극적으로 직업을 통해 이루어진다. 즉 직업을 단순히 돈을 벌거나 출세를 위한 수단으로 여기는 것이 아니라 일 자체를 목적으로 하고 그 일을 통해서 삶의 의미를 찾고 즐거움과 보람을 찾는 일인 것이다.

6. 생애설계와 그 중요성

튼튼하고 멋진 건물을 지려면 잘 만들어진 설계도가 필요하듯, 행복한 삶을 살기 위해서도 잘 짜여진 설계도가 필요하다. 행복한 삶에 대한 기준은 개인마다 다르고, 개인의 행복한 삶에 수많은 요인들이 영향을 미치지만 누구나 행복한 삶을 원한다. 청소년들이 열심히 학교에 다니는 것도, 부모가 자녀교육을 위해 온갖 희생을 감수하는 것도 모두가 행복한 삶을 위해서다. 그런데 행복한 삶이란 저절로 얻어지는 것이 아니다. 누구나 행복한 삶을 원하고, 누구나 행복한 삶을 살 자격은 있지만 그렇다고 모두가 행복한 삶을 사는 것은 아니다. 행복한 삶을 살기 위해서는 이를 계획하고 준비하는 특별한 노력이 필요한데 이를 우리는 생애설계라 한다.

생애설계는 개인이 행복한 삶을 살기 위해 자신의 내적 특성에 맞는 비전과 목표를 정하고, 이를 실현할 수 있는 구체적인 진로계획을 세우는 일이다. 발달심리학자들은 청소년기에 수행해야 할 다양한 발달과 업을 제시하고 있는데, 이 가운데 자신의 특성을 바르게 인식하고, 이를 토대로 미래 진로목표를 확고히 하며, 나아가 산업 및 직업구조의 변화를 이해하여 적합한 진로를 설계하는 생애설계를 가장 중요한 발달과업으로 제시하고 있다.

일반적으로 진로발달은 인간의 전 생애에 걸쳐 이루어지는 계속적인 과정이므로 생애설계 역시 청소년 시기에만 국한되는 활동은 아니다. 그러나 인생에서 청소년기는 다른 시기에 비해 성장과 변화의 폭이 크고, 풍부한 에너지를 지니며, 동시에 성인기의 삶을 구체적으로 준비하는 시기이므로 이 시기의 생애설계는 성인기의 삶에 결정적인 영향을 미치게 된다. 요즘도 점수 위주, 입시 위주 교육의 학교생활에 적응하지 못하여 중도 탈

락하는 청소년이 매년 약 6만여 명을 넘고 있다. 그런가 하면 학교에 다니더라도 아무 의미없이 그저 하루하루 방황하면서 보내는 청소년들도 많다. 이 모두가 자신의 생애에 대한 구체적인 비전이나 목표, 꿈이 없기 때문이다. 자신의 미래에 대한 비전과 꿈을 지닌 사람은 결코 방황하지 않으며, 현실의 고달픔과 어려움에 대한 인내를 갖게 된다. 성공한 사람들이 그 과정에서 커다란 고통과 어려움을 극복할 수 있었던 것은 바로 미래에 대한 비전과 목표, 다시 말해 꿈과 희망이 있었기 때문이다. 개인으로 하여금 미래에 대한 비전과 꿈을 통하여 삶의 희망과 동기를 갖게 만드는 일이 생애설계인 것이다.

활동

1) 내 꿈의 변천사

지금까지 과거에 꿈꿨던 진로 목표(꿈)를 떠올려 보면서 자신의 진로변화, 즉 내 꿈의 변천사를 살펴보자.

시기	나의 꿈
초등학교	
중학교	
고등학교	
대학교 (현재)	

2) 인생곡선 그리기

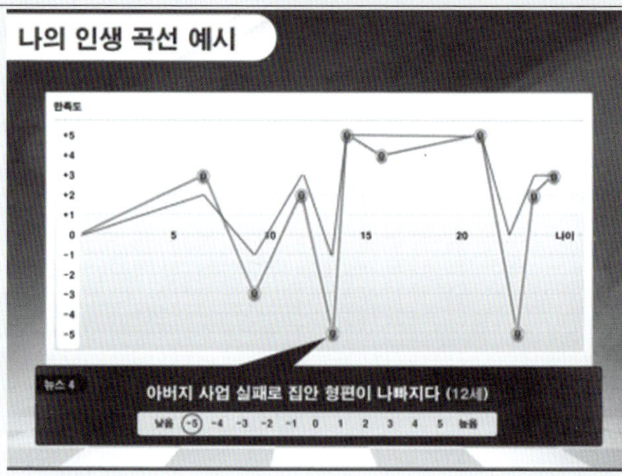

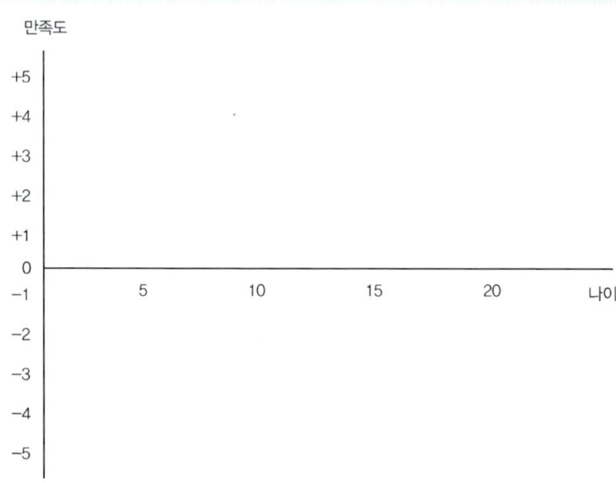

3) 생애계획 세우기

■ 진로목표(포부): ______________________

- 3년 후의 모습 ______________________________
- 10년 후의 모습 ____________________________
- 20년 후의 모습 ____________________________
- 30년 후의 모습 ____________________________

사례 (동영상)

- 행복헌장 10계명-영국 BBC 방송 제안
  https://tyle.io/explore/urphf5i470m2rn
  https://www.youtube.com/watch?v=tYLRKNNBc30

단원평가

문제 1. 본문에서 말하는 행복의 기본 조건과 가장 거리가 먼 것은?

① 경제적 안정 ② 자아실현 ③ 사회적 평판 ④ 원만한 인간관계 ⑤ 봉사

정답 ③

(설명) 행복의 기본조건은 사람마다 다를 수 있다. 그러나 본문에서는 행복의 기본조건으로 건강, 경제적 안정, 자아실현, 봉사, 원만한 인간관계, 가정의 감화력을 들고 있다.

문제 2. 다음은 일에서의 인간관계에 대한 설명이다. 거리가 먼 것은?

① 연령층이 다양하다
② 발전이라는 하나의 목표를 추구한다
③ 횡적인 관계가 대부분을 차지한다
④ 직원 간 상호긴밀성이 요구된다
⑤ 싫어하는 사람과도 관계를 맺어야 한다

정답 ③

(설명) 직장에서의 인간관계는 주로 종적인 관계가 대부분을 차지한다.

참고문헌

박성종(2010). 가슴으로 꾼 꿈이 행복한 미래를 만든다-박지성을 글로벌 스타로 만든 아버지의 특별한 메시지. 서울: 서울문화사.

박혜남(2010). 진로와 직업설계. 경기: 신광문화사.

한국고용정보원(2019). 청년층 CAP+직업지도프로그램. 고용노동부.

Bolles, R. N.(1979). *The three boxes of life*. Berkeley, CA: Ten Speed Press.

https://tyle.io/explore/urphf5i470m2rn

https://www.youtube.com/watch?v=tYLRKNNBc30

CHAPTER 02

미래탐구와 직업변화

학 | 습 | 개 | 요

- 미래사회와 산업변화는 직업세계를 이해하는 기본적인 요소이다. 4차 산업혁명의 담론이 확산되는 요즘, 변화를 인식하고 탐색하는 능력은 진로목표 설정과 직업적응에 중요한 요소이다. 특히 대학 시절 미래변화를 예측하고, 적응하며, 주도적인 변화에 편승하기 위해서는 꾸준하게 미래사회에 대해 관심을 갖는 태도가 필요하다.
- 이 단원에서는 미래사회와 산업변화의 특성을 이해하고 일자리의 변화를 예측하여 미래지향적인 진로대안을 수립할 수 있도록 한다.

학 | 습 | 목 | 표

1. 직업세계 이해의 중요성을 인식한다.
2. 산업변화의 흐름을 이해하고 미래산업을 탐색해본다.
3. 4차 산업혁명의 특징과 미래의 일자리를 예측해본다.

읽을거리

100세 시대 미래시간전망

100세 시대의 강조는 보험회사의 전유물이 아니다. 우리가 100세의 미래시간으로 우리의 진로를 설계한다면 진학과 취업을 위해서 재수, 삼수를 하는 2-3년의 시행 착오는 방황에 해당된다. 20대 후반에 다시 대학을 들어간다 해도, 대학을 졸업하고 전공과 전혀 다른 진로를 선택한다해도 뭐든 괜찮다. 왜냐하면 우리는 아직 일할 시간도 방황할 시간도 아주 많이 남아 있기 때문이다.

앞으로 우리는 100세를 살아가기 때문에 한 직업만으로 부족하다. 30년 이상을 한 직업으로 혹은 한 직무로 산다고 상상해보라. 너무 지겹고, 재미없지 않은가? 앞으로 우리는 여러 직업을 바꾸고 직장은 무수히 바꿀 것이고, 그렇기에 우리의 진로방황은 평생에 걸쳐 진행 중일 것이다. 우리가 고민해야 할 것은 진로방향이 방황을 위한 방황이 아니라 얼마나 생산적인 방향으로 전개될 것인지, 인생 초반에 화끈하게 경험해서 언제 다시 방황이 찾아온다 하더라고 당황하지 않고 현명하게 조절하고 방황의 수위와 기간도 조절할 수 있는 노하우의 노련함이 필요하다. 질풍노도는 청소년기에만 있는 것이 아니라 진로방향 한가운데 있는 우리에게 늘 함께 있다.

자료: 안윤정(2014). 잡코리아 좋은일 연구소 자문자료.

생각해보기

1. 산업혁명의 동인이 되는 요소는 무엇일까요?
2. 직업의 생성과 소멸이 산업발전과 어떤 관련성이 있는지 생각해봅시다.
3. 내가 목표로 삼고 있는 직업이 10년 후에도 존재할까요?
   만약 존재한다면 지능정보시대에는 수행하는 직무내용이 어떻게 변모할까요?

1. 미래사회 변화

미래사회는 어떤 모습일지, 사회변화에 맞춰 무엇을 준비하고 어떻게 대처할지에 대한 고민이 깊어지는 시기는 사회진출을 앞에 둔 대학시절일 것이다. 대학생이 미래를 예측하고, 변화적응하며, 주도적인 변화에 편승하기 위해서는 미래변화에 대한 꾸준한 관심과 변화적응을 위한 지속적인 노력이 요구된다. 현재의 지식과 기술의 주기는 2~3년 주기로 두배씩 늘어나고 있으며, 2020~2030년은 후기정보사회로 또 다른 큰 변화 속에서 생활하게 될 것이다(이무근, 이찬근, 2012)

한국과학기술기획평가원(2019)의 '대한민국의 미래이슈 2019'의 내용을 살펴보면, 중요성이 높은 10대 이슈는 '저출산·초고령화, 격차심화로 인한 사회 불안정, 저성장과 성장전략 전환, 남북관계 변화, 고용불안, 기후변화 적응 실패, 제조혁명, 건강수명 증대, 자연재난, 산업구조의 양극화' 내용으로 분석되었다.

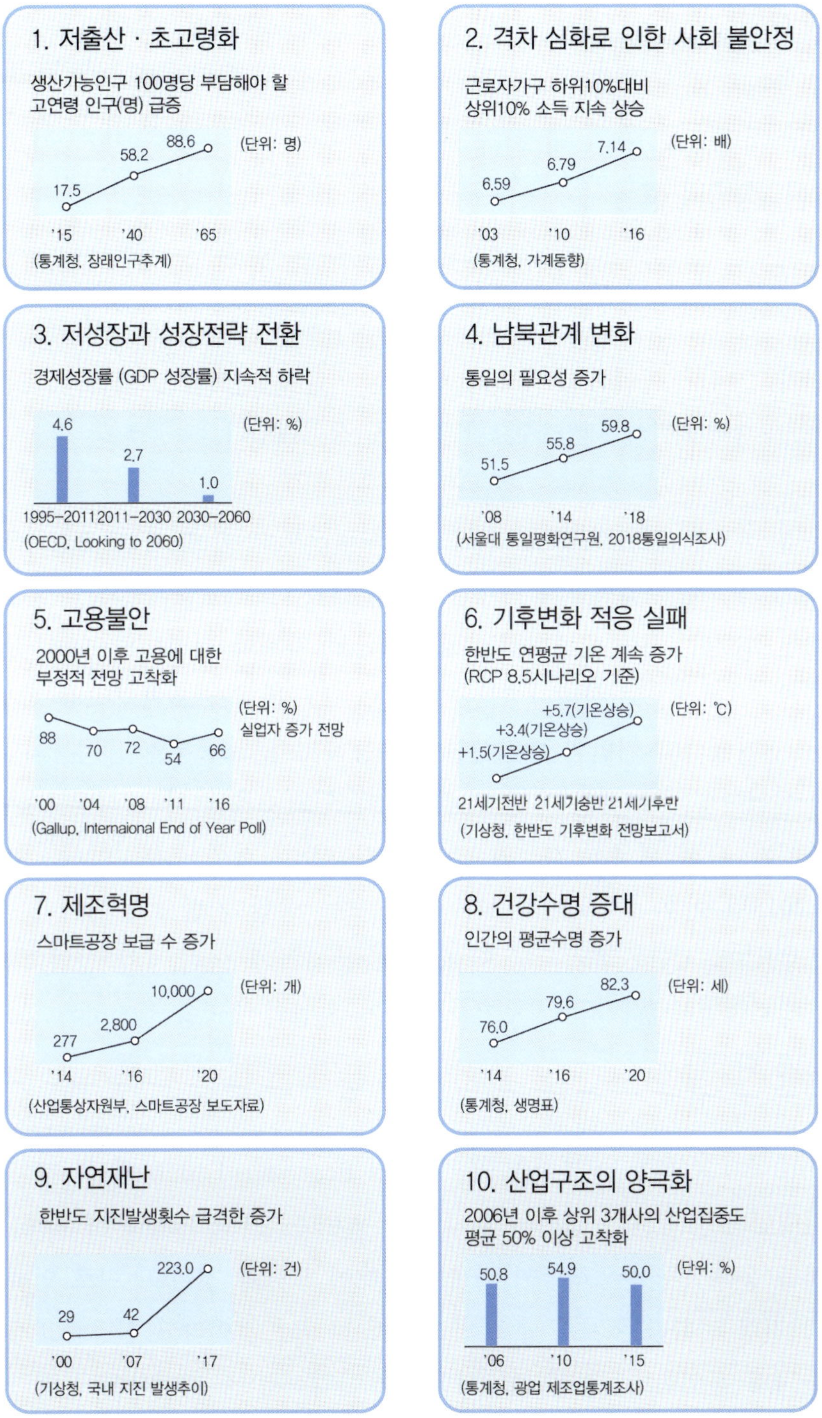

그림 2-1 대한민국 미래이슈 2019

자료: 한국과학기술기획평가원(2019). 대한민국 미래이슈 2019.

2. 4차 산업혁명

1) 산업혁명의 흐름

2016년 3월 인류대표 이세돌과 알파고의 세기의 대결은 '인간보다 훨씬 뛰어난 연산능력을 갖춘 컴퓨터, 그리고 기계는 인간의 삶을 어떻게 바꿀 것인가?', '4차 산업혁명 시대의 인간은 어떻게 기계와 조화롭게 공존할 수 있을 것인가?'에 대한 중요한 질문을 끌어내었다.

우리 사회는 지금까지 두 번의 산업혁명으로 인한 변화를 경험하였고, 현재 후기 3차 산업혁명의 시대를 살고 있다. 그간 산업혁명의 특징을 살펴보면, 18세기 1차 산업혁명은 증기기반의 기계화 혁명으로 수력 및 증기기관, 기계식 생산설비가 확산되었으며, 19~20세기 초반의 2차 산업혁명은 전기에너지 기반의 대량생산이 가능해지며, 노동분업이 시작되었다. 3차 산업혁명은 20세기 후반의 컴퓨터와 인터넷 기반의 지식정보혁명은 전자기기, IT를 활용한 자동화 생산이 가능한 시기로 구분지어 볼 수 있다. 2015년 이후 4차 산업의 지능과 정보를 융합 기반으로 사이버 물리 시스템(CPS; Cyber-Physical System)이 등장하게 되며, 4차 산업혁명은 3차 정보혁명시대에 지능정보기술은 국가 산업의 흥망을 결정하는 중요한 요소가 되었다.

2016년 1월 다보스 포럼(WEF; World Economic Forum)에서는 4차 산업혁명이라는 담론이 세상에 던져졌다. WEF는 『The Future of Jobs』 보고서를 통해 4차 산업혁명이 가까운 미래에 도래할 것이고, 이로 인해 일자리 지형 변화라는 사회 구조적 변화가 나타날 것이라고 전망하고 있다. 또한 4차 산업혁명을 '디지털 혁명(3차 산업혁명)에 기반하여 물리적 공간, 디지털적 공간 및 생물학적 공간의 경계가 희석되는 기술융합의 시대'라고 정의하면서, 사이버 물리 시스템(CPS; Cyber-Physical System)에 기반한 제4차 산업혁명은 전 세계의 산업구조 및 시장경제 모델에 커다란 영향을 미칠 것으로 전망하고 있다. 후기정보화 사회 또는 4차 산업혁명 등으로 명명되는 4차 산업혁명은 '디지털화를 기반으로 연결성과 융합을 본질로 하는 산업과 인간의 변화'로 정의되는데, 그 속도(Velocity), 범위와 깊이(Breadth & Depth) 그리고 시스템적 충격(System Impact)의 측면에서 이전의 산업혁명과 확연히 구분되며 그 궤를 달리할 것' 이라도 보고되고 있다. 4차 산업혁명은 인류가 전형 경험하지 모한 빠른 속도의 획기적 기술진보, 각국 전산업 분야에서 파괴적 기술에 의해 대대적으로 개편되고, 생산·관리·지배구조 등을 포함하여 전체적으로 시스템의 큰 변화가 예상된다(클라우스 슈밥, 2016).

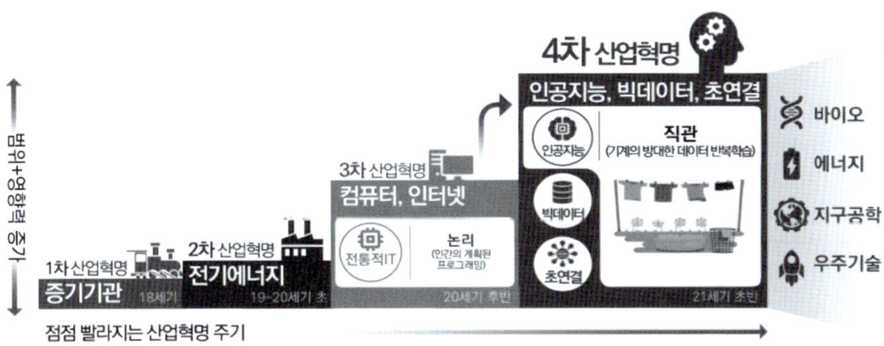

그림 2-2 산업혁명의 발전단계별 특징

자료: 4차 산업혁명위원회(2018). 4차 산업혁명위원회 주요성과 및 추진방향.

2) 4차 산업혁명의 특징

지능정보기술에 기반한 4차 산업혁명의 특징을 살펴보면, 첫째, 기하급수적으로 기술이 발전하여 기술이 인간의 신체능력과 인지능력을 넘어서 인간의 고유영역까지 기계로 대체되어 단기적으로 인간의 일자리가 위협받을 것으로 예상되며, 둘째, 기존의 기술과 4차 산업혁명 첨단기술의 접목이 가속화되어 인공지능, IoT 클라우드의 공통기반기술과 다양한 분야의기술과 기술, 기술과 데이터가 새로운 재화와 서비스를 만들어 낼 것이다. 셋째, 현실과 가상, 인간과 사물·공간·시간 등이 접목되는 초연결사회가 되어 가치사슬의 구분이 모호해질 것이다. 제조-서비스, 생산-물류-소비 등의 경계가 모호해지는 특징을 나타낼 것이다.

표 2-1 직무숙련도와 정형화 정도에 따른 기술 대체 가능성

숙련수준	(낮음) ← 비정형화 정도	→ (높음)
(높음)	**③ 〈기술 대체 가능성 중간〉** · 고숙련 업무 · 정형 업무 · 예시) 회계사무, 법률사무, 통번역, 임상병리, 영상의학분석	**① 〈기술 대체 가능성 낮음〉** · 고숙련 업무 · 비정형 업무 · 예시) 연구개발, 공정관리, 설비 유지 보수, 법률전문가(변호사 · 판사 · 검사), 의료
(낮음)	**④ 〈기술 대체 가능성 높음〉** · 저숙련 업무 · 정형 업무 · 예시) 단순조립, 계산 및 출납, 요금수납, 시설안내, 창고관리	**② 〈기술 대체 가능성 낮음〉** · 저숙련 업무 · 비정형 업무 · 예시) 정육가공(발골), 청소, 간병, 육아

자료: 한국고용정보원(2017). 4차 산업혁명 미래 일자리 전망.

3. 직업세계 변화의 중요성

변화에 따라 인간은 적응하며 살아간다. 어린아이가 청년이 되고 결혼과 직업생활을 하며 중년에 접어든다. 각자의 인생의 찬란한 시절을 보내고 노인이 되어서 인생의 새로운 후반부를 시작하게 된다. 이러한 생애의 전환점을 맞이할 때마다 인간은 새로운 변화를 겪게 되며, 또 다른 선택과 준비를 해야 한다. 특히, 인생이모작의 시대를 살아가는 우리들은 직업유지를 위하여 끊임없이 미래변화에 대비하고 미래를 계획하고, 필요한 역량을 개발하며 취업을 준비해야한다(이무근, 이찬근, 2012).

최근 지식과 기술의 변화의 주기가 빨라지고 본격적인 산업혁명이 이루어짐에 따라 우리는 지금과는 또 다른 변화의 흐름 속에 있다. 기술혁신, 글로벌, 고령화 등은 일자리와 직업세계의 변화를 급속하게 진전시키고 있으며, 장기근속이 불가능하여 더 잦은 이직과 전직을 해야만 하는 소용돌이 속에 있다. 또한 평생직업과 평생학습의 시대가 되면서 선취업 후진학, 일학습병행제 등 사회진출의 경로가 다양해지고, MOOC(Massive Open Online Course), 온라인 비대면 학습으로 지식습득의 방법도 다양해지고 있어 미래를 예측하는 폭넓은 시야와 종합적 사고로 미래 변화를 예측, 적응, 주도해가는 유연한 진로전략을 지니고 있어야만 누구보다도 100세 시대 성공적인 직업생활을 유지할 수 있을 것이다.

표 2-2 일자리 변화의 역사

시기	핵심기술	기술적용분야	대체직업	보완직업
19세기 초	공장제 수공업	장인 기술자의 일을 순차적인 일루 분해하여 분업화	고기술장인 기술자	미들스킬기능공
19세기 말	증기동력과 공장기계화	공장제 수공업을 기계공장이 대체	미들스킬 기능공 및 농장 노동자	블루칼라 노동자
20세기 초	전기동력과 공장자동화	조립공정으로 자동화	저학력 블루 칼라 노동자	고학력화이트 칼라노동자
20세기말	컴퓨터 공학	컴퓨터 기기에 의한 사무자동화	고학력 화이트 칼라사무직 노동자	고학력 연구개발 전문직
21세기	SW에 의한 인지능력지능화	지능형 SW 기술에 의한 생산공정 및 사무자동화	고숙련서비스(의료, 법률 등)와 저숙력서비스	SW개발, 융합 창의적 문제해결

자료: 소프트웨어정책연구소(2015). 컴퓨터 기술진보와 미래일자리 변화.

4. 4차 산업혁명과 미래의 직업

많은 미래학자들은 4차 산업혁명에 따른 미래사회 변화가 크게 기술·산업구조, 고용구조 그리고 직무역량 측면에서 나타날 것으로 예측하고 있다. 김진하(2016)의 연구 중 고용구조와 직무역량 측면의 변화내용을 살펴보면 아래와 같다.

첫째, 고용구조의 변화측면에 대해 살펴보면, 4차 산업혁명의 동인인 과학기술의 변화가 미래사회의 일자리 지형을 변화시킬 것으로 전망되고 있는데 특히 자동화 기술 및 컴퓨터 연산기술의 향상 등은 단순·반복적인 사무행정직이나 저숙련(Low skilled) 업무와 관련된 일자리에 직접적으로 영향을 미쳐 고용률을 감소시킬 것으로 예측되고 있다. 옥스퍼드 대학(Oxford Univ.)의 Martin School은 컴퓨터화 및 자동화로 인해 미래에 사라질 가능성이 높은 직업에 대한 연구를 수행하였는데, 현재 직업의 47%가 20년 이내에 사라질 수 있는 것으로 제시되었다. 특히 텔레마케터, 도서관 사서, 회계사 및 택시기사 등의 단순·반복적인 업무와 관련된 직업들이 자동화 기술로 인해 사라질 것으로 전망하고 있다(Oxford Univ. 2013). 호주는 노동시장의 39.6%(약 5만 명의 노동인력)가 컴퓨터화로 대체될 것으로 보고하고 있으며, 그중 18.4%는 업무에서의 역할이 완전히 사라질 가능성이 높을 것으로 보고 있다(CEDA, 2015).

표 2-3 직업별 20년 내 컴퓨터화 될 가능성 높은 직업

Risk	Computerisable probability	Label	SOC code	Occupation
687	0.98		43-4151	Order
688	0.98		43-4011	Brokerage Clerks
689	0.98		43-9041	Insurance Claims and Policy Processing Clerks

Computerisable				
Risk	probability	Label	SOC code	Occupation
690	0.98		51-2093	Timing Device Assemblers and Adjusters
691	0.99	1	43-9021	Data Entry Keyers
692	0.99		25-4031	Libray Technicians
693	0.99		43-4141	New Accounts Clerks
694	0.99		51-9151	Photographic Process Workers and Processing Machine Operators
695	0.99		13-2082	Tax Prepaerers
696	0.99		43-5001	Cargo and Freight Agents
697	0.99		49-9064	Watch Repairers
698	0.99	1	3-2053	Insurance Underwriters
699	0.99		15-2091	Mathematical Technicians
700	0.99		51-6051	Sewers, Hand
701	0.99		23-2093	Title Examiners, Abstrsctors, and Searchers
702	0.99		41-9041	Telemarketers

자료: The Future of Employment(Oxford Univ, 2013); Australia's Future Workforce(CEDA, 2015)

그러나 4차 산업혁명과 관련하여 새로운 일자리가 등장하기도 하는 긍정적 측면의 내용으로는 고숙련(High-skilled) 노동자에 대한 수요가 증가할 것이라는 측면이다. 특히 산업계에서는 인공지능, 3D 프린팅, 빅데이터 및 산업로봇 등 4차 산업혁명의 주요 변화 동인과 관련성이 높은 기술 분야에서 200만개의 새로운 일자리가 창출되고, 그 중 65%는 신생직업이 될 것이라는 전망도 있다(GE, 2016). 또한 IT 및 데이터 통합 분야의 일자리 수는 110,000개(약 96%)가 증가하고, 인공지능과 로봇 배치의 일반화로 인해 로봇 코디네이터 등 관련 분야 일자리가 40,000개 증가할 것으로 전망되고 있다(Boston Consulting Group, 2015).

둘째, 4차 산업혁명에 따른 기술·산업 변화는 일자리 지형의 변화에 멈

추지 않고 직업인의 '직무역량(Skills & Abilities) 변화'에 영향을 미치고 있다. WEF보고서에 따르면 4차 산업혁명은 고용 인력이 직무역량 안정성(Skills Stability)에도 영향을 미치고, 산업분야가 요구하는 주요 능력 및 역량에도 변화가 생겨 '복합문제 해결능력(Complex Problem Solving Skills)' 및 '인지능력' 등에 대한 요구가 높아질 것으로 전망되고 있다(WEF, 2016).

다수의 전망 보고서에서도 '컴퓨터/IT' 및 'STEM(Science, Technology, Engineering, Mathematics)' 분야의 지식이 효율적인 업무수행을 위해 필요함을 강조하고 있다(Oxford Univ., 2016). 특히 미국 제조업계에서는 2018년까지 전체 일자리의 63%가 STEM 분야의 교육 이수를 요구하고, 첨단제조분야의 15% 이상이 STEM 관련 고급학위(석사 이상)를 필요로 할 것으로 전망하고 있다(GE, 2016).

직무역량과 더불어 자동화 또는 인공지능 등 기술 및 기계의 발전으로 노동력이 대체되더라도 창의성 및 혁신성 등과 같은 인간만의 주요 능력 및 영역은 자동화되지 않을 것으로 전망되고 있다. Mckinsey(2015)는 미국 내 800개 직업을 대상으로 업무활동의 자동화 가능성을 분석한 결과, 800개 중 5% 만이 자동화 기술로 대체되고 2,000개 업무 활동 중 45%만이 자동화 될 것으로 분석하고 있다. 그리고 인간이 수행하는 업무 중 창의력을 요구하는 업무(전체 업무의 4%)와 감정을 인지하는 업무(전체업무의 29%)는 자동화가 어려울 것으로 제시하고 있다.

국내의 한국고용정보원(2017)에서는 4차 산업혁명과 미래일자리 전망보고서(2017)에서 4차 산업혁명관련 유망직업으로 사물인터넷 전문가, 인공지능전문가, 빅데이터 전문가, 가상현실전문가, 3D프린팅 전문가, 드론전문가, 생명공학자, 정보보호전문가, 응용소프트웨어 개발자, 로봇공학자가를 선정하였으며, 위기직업으로는 콜센터요원(고객상담원, 및 안내원), 생상 및 제조관련 단순종사원, 치과기공사, 의료진단전문가, 금융사무원, 번연가(통역가), 창고작업원, 계산원을 선정하였다.

표 2-4 4차 산업혁명 관련 유망직업 10선

직업명	관련기술
사물인터넷 전문가	무선통신, 프로그램 개발 등
인공지능 전문가	인공지능, 딥러닝
빅데이터 전문가	빅데이터
가상 (증강 · 혼합) 현실전문가	가상(증강)현실
3D프린팅 전문가	3D프린팅
드론전문가	드론
생명공학자	생명공학, IT
정보보호 전문가	보안
응용 소프트웨어개발자	ICT
로봇공학자	기계공학, 재료공학, 컴퓨터 공학, 인공지능 등

자료: 한국고용정보원(2017). 4차 산업혁명 미래 일자리 전망.

표 2-5 4차 산업혁명 관련 위기직업 8선

직업명	관련기술
콜센터 요원 (고객상담원 및 안내원)	인공지능, 빅데이터 분
생산 및 제조관련 단순종사원	스마트공장
치과기공사	3D 프린팅
의료진단 전문가	의료기기 헬스, 인공지능
금융사무원	핀테크, 빅데이터, 인공지능
번역가(통역가)	인공지능, 음성인식
창고작업원	사물인터넷, 센서기술, 증강현실 기술
계산원	디지털화 핀테크

자료: 한국고용정보원(2017). 4차 산업혁명 미래 일자리 전망.

활동 1

아는 직업을 적어라!

자신이 알고 있는 직업을 아는대로 적고 빙고게임을 해봅시다.

▶ 위의 빙고표에 기입한 직업 중 관심 있는 직업은 어떤 직업인지 작성해봅시다.

___

___

___

▶ 위의 빙고표에 기입한 직업 중 전공과 관련된 직업은 어떤 직업인지 작성해봅시다.

___

___

___

자료: 한국고용정보원(2017). 4차 산업혁명 미래 일자리 전망.

활동 2

직업의 생로병사

아래의 기준에 따른 다양한 직업들을 떠올려봅시다.

기준	직업명
부모님 세대에는 있었지만 지금은 사라진 직업	
보수가 많은 직업	
내가 알고 있는 유명인 중 직업을 바꾼 사람	
인공지능로봇으로 대체가 가능한 직업	
인공지능로봇으로 대체할 수 없는 직업	

단원평가

문제 1. 4차 산업혁명의 특징이 무엇인지 작성해 봅시다.

문제 2. 미래사회에서 자동화 대체확률이 높은 직무의 특성은 무엇일까요?

정답

문제 1. 첫째, 정보기술발달로 인간의 신체능력과 인지능력을 넘어 인간의 고유영역까지 기계가 대체되어 단기적으로 인간의 일자리가 위협받을 것이다.
둘째, 기존의 기술과 4차 산업혁명 첨단기술의 접목이 가속화될 것이다.
셋째, 현실과 가상, 인간과 사물·공간·시간 등이 접목되는 초연결사회가 되어 가치사슬의 구분이 모호해지고 있다.
문제 2. 숙련수준이 낮고 정형화된 직무

(설명)
문제 1. 4차 산업혁명은 정보기술발달로 인간의 고유영역까지 기계가 대체되어 인간의 일자리가 위협받고 기존의 기술과 4차 산업혁명 첨단기술의 접목이 가속화되며, 현실과 가상, 인간과 사물·공간·시간 등이 접목되는 초연결사회가 되는 특징을 지니고 있다.
문제 2. 자동화 대체확률이 높은 직무는 숙련수준이 낮은 단순하고 정형화된 특성을 나타낸다.

참고문헌

김진하(2016). 제4차 산업혁명시대, 미래사회 변화에 대한 전략적 대응 방안 모색.
산업연구원(2017). 4차 산업혁명의 글로벌 동향과 한국산업의 대응 전략.
소프트웨어정책연구소(2015). 컴퓨터 기술진보와 미래일자리 변화.
안윤정(2014). 잡코리아 좋은 일 연구소 자문자료.
이무근, 이찬근(2012). 대학생 진로 멘토링. 서울: 교육과학사.
클라우스 슈밥(2016). 클라우스 슈밥의 제 4차 산업혁명. 서울: 새로운 현재.
한국고용정보원(2017). 4차 산업혁명 일자리 전망.
한국과학기술기획평가원(2019). 대한민국 미래이슈 2019.
4차 산업혁명위원회(2018). 4차 산업혁명위원회 주요성과 및 추진방향.

Boston Consulting Group(2015). Man and Machine in Industry 4.0.
CEDA(2015). Australia's Future Workforce.
Mckinsey&Company(2012). The World at Work; Jobs, pay and skills for 3.5 billion

people.

Oxford Martin School(2013). The Future of Employment : How susceptible are jobs to computerisation?

WEF(2016). The Future of Jobs.

PART 02

대학생활 활용법

CHAPTER

공부의 신 03

학 | 습 | 개 | 요

- 학습전략이란 효율적인 학습 또는 정보를 효율적으로 기억하는데 필요하거나 도움이 되는 여러 종류의 기능, 능력, 또는 방법을 말한다.
- 학습과정에서 필요한 전략으로는 학습동기 촉진전략, 학습환경 관리전략, 읽기전략, 노트필기전략, 시험치기 전략, 시험불안 감소전략 그리고 정보처리전략이 있다.
- 이 단원에서는 학습에 도움이 되는 다양한 학습전략을 익히고, 효과적인 정보처리 전략을 활용함으로 효율적인 학습이 이루어지도록 한다.

학 | 습 | 목 | 표

1. 학습전략을 정의하고 학습동기 촉진전략, 학습환경 관리전략, 읽기전략에 대하여 이해하고 그 전략을 실행(실천)할 수 있다.
2. 노트필기전략, 시험치기전략, 시험불안 감소전략에 대하여 이해하고 그 전략을 실행(실천)할 수 있다.
3. 인간의 정보처리과정을 이해하고 학습에 적용할 수 있다.

읽을거리

세인트 루이스 워싱턴 대학의 로디거 교수는 궁극의 공부법에 대해 다음과 같이 말했다. "배운 걸 기억해서 꺼내는 노력을 많이 할수록 장기기억으로 더 잘 보낸다는 증거들을 찾아냈습니다. 사지선다형도 효과는 있지만 배운 것을 스스로 재구성하는 문제, 배운 것을 자신이 직접 기억에서 꺼내도록 하는 문제는 효과가 더 좋습니다."

공부한 내용은 자주 떠올려보거나 표현해 볼 때, 또는 시험과 같은 테스트를 병행할 때 장기 기억으로 넘겨 오랫동안 기억할 수 있고 이해를 잘할 수 있다.

따라서 공부한 내용을 남에게 설명해 보는 것이 꺼내는 공부의 대표적인 방법이므로 자주 실천해 보는 것이 좋다. 내용을 한 번 더 말해 봄으로써 반복 효과가 있어 이해가 잘 되고 암기도 잘 된다. 다른 사람을 가르쳐 본 사람들은 자신이 설명했던 것은 잘 잊히지 않는다는 것을 알 것이다. 이것은 우등생들이 많이 실천하는 방법으로, 설명 과정에서 자신이 이해한 것과 이해하지 못한 것이 확실하게 구분되어 부족한 부분을 스스로 알 수 있다.

학교에서도 공부를 못하는 학생이 우등생에게 질문을 해서 모르는 부분을 해소하는데, 질문하는 학생도 도움을 받지만 사실 더 큰 혜택을 받는 사람은 설명해 주는 우등생이다. 사실 우등생은 속으로 질문한 학생에게 고맙다는 생각을 할지도 모른다. 어떤 내용을 확실하게 알게 해주었으니 말이다. 그러니 공부를 잘 하는 학생이든 그렇지 못한 학생이든 그날 배운 내용을 차근차근 설명해보는 시간을 갖자.

자료: 정청권(2018). 창의와 융합시대 10대를 위한 몰입 공부법. 경기: 주식회사 성안당.

생각해보기

1. 다른 사람을 가르쳐 봄으로, 자신이 설명했던 것을 잘 기억했던 경험이 있는지 생각해 보자. (예: 친구가 PPT를 처음 배울 때, 내가 설명해 줌으로 나의 지식이 견고해 졌다.)

2. 그날 배운 내용을 차근차근 설명해 보는 시간을 어떻게 할 수 있을까?(예, 집에 가서 ○○에게 할 수도 있고, 스터디 그룹을 만들어 돌아가면서 발표할 수도 있다. 혼자서도 할 수 있다. 집에 있는 인형에게 설명할 수도 있고, 조용히 수업을 떠올리며 백지에 적어볼 수도 있다.)

1. 학습전략이란

학습전략이란 효율적인 학습 또는 정보를 효율적으로 기억하는데 필요하거나 도움이 되는 여러 종류의 기능, 능력, 또는 방법을 말한다.

다양한 종류의 학습전략이 있는데 박혜남(2010)은 학습동기 촉진전략, 시간관리전략, 학습환경 관리전략, 읽기전략, 쓰기전략, 노트필기전략, 시험치기전략, 시험불안 감소전략으로 나누었다. 여기에서는 학습동기 촉진전략, 학습환경 관리전략, 읽기전략, 노트필기전략, 시험치기전략, 시험불안 감소전략에 대하여 알아보고자 한다.

2. 학습전략의 종류

1) 학습동기 촉진전략

일반적으로 공부와 관련하여 가장 많이 들을 수 있는 것으로 "말을 물가로 끌고 갈 수는 있어도 말에게 물을 먹이지는 못한다"는 말이 있다. 이 말은 학습동기의 중요성을 잘 나타내는 표현이다. 아무리 좋은 것이라고 하더라도 학습자가 그것에 대하여 학습하고자 하는 동기가 없다면 학습욕구가 일어나지 않기 때문이다. 학습동기 촉진전략은 다음과 같이 이루어져 있다.

표 3-1 학습동기 촉진전략

1. 동기각성	공부하는 이유, 학교 다니는 이유 찾기
2. 삶의 방향	원하는 장래의 진로나 직업 택하기
3. 삶의 목표 수립	장기적 목표달성을 위한 단기적 목표
4. 장애 제거	공부에 방해되는 심리적, 물리적 요소 제거
5. 자신감 갖기	공부를 잘 할 수 있다는 신념 갖기

2) 학습환경 관리전략

학습환경 관리전략은 학습에 장애가 되는 요소를 최대한으로 줄이고 학습에 필요한 최적의 학습환경을 조성하고 관리할 수 있도록 도움을 주기 위한 전략이다. 먼저 공부가 가장 잘 되는 장소를 찾는 장소의 선정부터 시작하여 공부에 도움이 될 수 있도록 가구를 배치하고, 공부에 방해가 되는 시각적 방해물과 청각적 빙해물을 제거한다. 그리고 학습도구를 준비하고 정리하여 필요시 즉각 꺼내 쓸 수 있는 상태를 만들어 두며, 마지막으로 조명과 온도를 조절하여 공부하기에 쾌적한 환경을 조절하도록 해준다. 대체로 학습환경 관리전략에 대하여 대부분의 학생이 잘 알고 있지만 실제 실천은 잘 되고 있지 않다.

표 3-2 학습환경 관리전략

1. 장소 선정	공부가 가장 잘 되는 곳을 선정
2. 가구 배치	가구를 공부에 도움이 되게 배치
3. 시각적 방해물 제거	유혹이 될 만한 물건 제거
4. 청각적 방해물 제거	각종 소리의 유혹 줄이기
5. 학습도구 준비	공부도구를 가까이 둔다.
6. 조명 및 온도 조절	공부에 적당한 밝기와 온도 유지

3) 읽기전략

읽기전략은 글을 읽고 글 속에 표현된 주제내용과 세부내용을 찾아내는 것과, 글을 읽고 알기 쉬운 다른 말로 바꾸어 표현해 보는 것, 그리고 글 속에 나타난 부분의 이해를 확실히 할 뿐만 아니라 부분들 간의 조직관계를 정리할 수 있는 능력을 기르기 위한 것이다.

이러한 목적을 달성하기 위해 일반적으로 가장 많이 사용되고 있는 훈련방법은 SQ3R이다. 이것은 1940년대 Robinson에 의해 개발이 된 이후에 많은 다양한 변형이 일어날 정도로 독서훈련의 중심적 위치를 점하고 있는 방법이다. 여기서 SQ3R은 독서를 할 때 독자가 취해야 할 행동의 첫 글자를 따서 지은 것으로 개관(Survey), 질문(Question), 읽기(Read), 암송(Reciting), 그리고 복습(Review)의 다섯 단계를 나타낸다.

표 3-3 읽기전략

1. 개관	읽을 책이나 단원의 제목, 소제목, 도표, 지도, 삽화, 요약내용 등을 재빨리 살펴보기
2. 질문	앞 단계에서 알게 된 제목이나 소제목 등으로 질문 만들기
3. 읽기	앞 단계의 질문에 대한 답을 찾는 마음으로 질문과 관련된 내용을 처음부터 끝까지 읽기
4. 암송	질문에 대한 대답을 찾은 후에 내용을 자신의 언어로 표현해 보기
5. 복습	읽은 세부내용을 모두 암송하고 자료간의 관계를 조직하며 읽은 것과 실제 속의 예를 관련지어 학습하기

4) 노트필기전략

노트필기 기술은 단순히 노트필기 자체만을 하는 것은 소용이 없다. 제대로 된 노트필기가 이루어지기 위해서는 말하는 사람의 메시지를 전체적으로 이해하고 서술내용을 간추려서 요약하여 개요를 만들 수 있는 능력이 선행되어야 하며, 그 후 세부적인 노트정리의 기술을 활용하는 것이다. 필기도구를 준비하는 것부터 시작하여, 능동적인 듣기 기술, 즉 경청하기에 대하여 훈련하여야 한다.

노트필기 기술의 훈련은 요점정리, 수정하기, 단서적기, 암송하기, 통합하기의 절차로 구성되어 있다.

요점정리를 위해서는 노트용지를 준비하고, 요점을 찾아서 체계적으로 쓰고, 이를 점차 빨리 쓸 수 있도록 훈련한다. 수정하기에서는 미완성된 부분을 완성하고, 모호한 부분을 보충하고, 특별히 중요하다고 생각하는 곳에 밑줄을 긋고 강조표시를 하며, 필요시 예를 적어 놓는다. 또한 필요한 참고사항이나 참고도서 그리고 홈페이지의 주소 같은 것은 보충란에 써 놓는다. 단서적기에서는 요점란에서 핵심적인 단어에 표시하고 단서란

에 적어둔다. 그리고 관련된 것끼리 번호를 이용하여 연결하여 둔다. 암기하기에서는 요점란을 보지 않고 단서란에 있는 단어를 보고 요점란의 내용을 외워본다. 만약 외울 수 없는 경우는 요점란을 본 후 다시 외워본다. 통합하기에서는 암기한 내용을 중심으로 서로 관련성을 나타낼 수 있는 개념들을 그림으로 나타내거나 비교표를 만든다. 그리고 자신의 생각이나 결론이 있으면 적어 넣는다.

표 3-4 노트필기전략

1. 요점적기	중요한 내용을 노트에 적는 것
2. 수정하기	필기한 내용 중 잘못된 부분 고치기
3. 단서적기(요점 찾기)	요점에 밑줄 긋기, 단서란에 적기
4. 암기하기(암송하기)	단서를 이용하여 요점을 외우기
5. 통합하기	암기한 내용을 정리하여 아래에 표시

5) 시험치기전략

시험치기전략은 시험공부계획을 효율적으로 세우고 시험을 잘 칠 수 있도록 도와주기 위한 기술로서 시험 전 전략과 시험 중 전략, 그리고 시험 후 전략으로 나누어볼 수 있다. 시험 점 전략은 시험공부의 계획과 실천에 관련된 전략을 훈련하는 것이고, 시험 중 전략은 최대의 시험성적을 내기 위한 것으로서 여기에는 시간관리, 단서 찾기, 건너뛰기, 문항읽기, 추측하기, 점검하기와 같은 부분을 말한다. 시험 후 전략은 시험이 끝난 후 자신이 잘 알고 있는 부분과 잘 모르는 부분을 확인하여 필요한 공부를 결정하는 것을 말한다.

6) 시험불안 감소전략

시험불안 감소전략은 실험불안 때문에 나타나는 성적의 손실을 방지하기 위한 것으로서 시험불안을 감소시키기 위한 것이다. 전략으로는 근육

이완훈련, 사고전환훈련, 불안위계작성, 긴장이완기술훈련 등으로 나누어져 있다.

표 3-5 시험불안 감소전략

1. 근육이완 훈련	근육의 긴장을 풀어 신체적 이완감과 정신적 이완감을 동시에 경험
2. 사고전환훈련	정서적 혼란과 갈등을 일으키는 비합리적 생각을 합리적으로 바꾸어 정서적 혼란과 갈등에서 벗어나게 함
3. 불안위계작성	불안이 높은 상황에서 낮은 상황의 순으로 순서를 정하는 것
4. 긴장이완기술 응용훈련	앞에서 작성된 불안위계를 바탕으로 불안의 정도가 가장 낮은 장면을 상상하면서 근육의 김장을 이완하고 이때 불안을 느끼지 않으면 다음 불안위계의 장면을 상상하면서 근육이완을 반복함

3. 정보처리전략

중요한 학습기술은 기억하고자 하는 내용을 쉽게 그리고 정확하게 암기하여 언제나 기억할 수 있도록 하는 것이다. 여기에서는 간단한 사실, 정보, 개념, 아이디어 또는 단문 등을 쉽게 머릿속에 효과적으로 저장하는 방법을 익힌다. 즉, 학습 자료에 적극 관여하게 하여 무의미하고 단편적인 자료를 유의미하고 조직적인 것으로 만들어 기억을 쉽게 한다.

1) 인간의 정보처리 체계

인간이 정보를 처리하는 체계는 세 가지 기억저장고와 이를 연결하는 네 가지의 통제과정이 있다. 기억저장고는 감각기억, 단기기억, 장기기억으로 나누어볼 수 있으며, 주의집중, 시연, 부호화, 인출의 네 가지 과정이 있다.

(1) 세 가지 저장고

① 감각기억(sensory memory: SM): 외부에서 들어오는 자극이 처음으로 등록되는 감각기 수준의 기억

② 단기기억(short term memory: STM): 감각기억에 등록된 기억 중 주의집중 과정을 통하여 선택된 것을 말하며, 과제를 수행할 때 사용되는 기억이기 때문에 작업기억(작동기억, working memory)이라고 하기도 함. 단기기억의 용량은 7±2청크(chunk)로서 시연(rehearsal)을 통하여 유지되며, 시연이 없는 경우 30초 정도 지속된다.

③ 장기기억(long term memory: LTM): 단기기억에 등록된 재료 중 부호화(encoding) 과정을 거쳐 장기적으로 보존된 것을 말함

(2) 네 가지 통제과정

① 주의집중: 감각기억에서 단기기억으로 정보가 옮겨져 가는 것이기 때문에 학습을 하려는 것에 대하여 관심을 가지고 주의를 기울이느냐, 그리고 주의를 기울인다면 어떤 것에 집중하는가가 중요함

② 시연: 단기기억에서 정보가 사라지지 않게 하기 위한 것

③ 부호화: 단기기억에 있는 정보를 장기기억으로 전이하는 과정

④ 인출: 이미 장기기억의 정보를 활성화시켜 단기기억으로 끌어내는 것

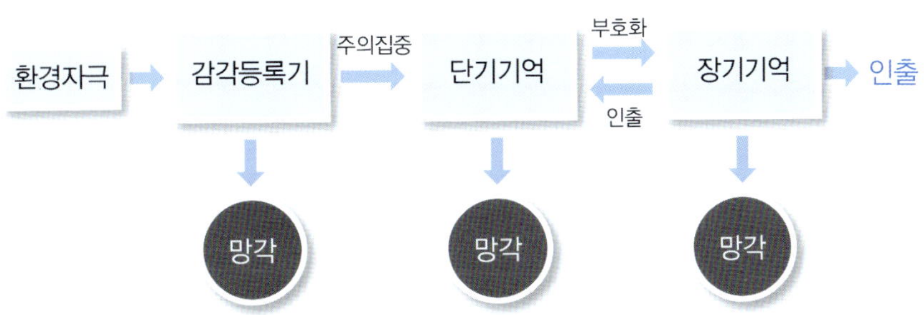

그림 3-1 인간의 정보처리 체계

2) 부호화의 처리과정을 촉진시키는 방법 네 가지

(1) 능동성: 학문적 내용에 대하여 학습자가 능동적으로 참여할 때 학습이 더욱 촉진됨

(2) 조직화: 개별적인 정보를 관련있는 것끼리 묶어 범주나 집단으로 분류하는 것

(예) 목록 1: 배, 성량, 망치, 외투, 풀 코, 연필, 개, 컵, 꽃
목록 2: 칼, 셔츠, 자동차, 포크, 배, 바지, 양말, 트럭, 숟가락, 접시

이 단어를 외울 때 목록2의 경우에는 의복, 탈것, 식기로 나누면 훨씬 외우기 쉬움

(3) 정교화: 개별적인 정보 간에 연합의 수를 증가시켜 가는 과정

(예) 물고기와 파이프의 관계를 연관시킬 때 파이프 담배를 피는 물고기라든가, 개와 자동차의 관계를 맺을 때 자동차를 소유한 개나, 개와 자동차가 경주를 한다고 연결시킨다.

(4) 기억술: 학습 내용에 존재하지 않는 연합을 만들어 부호화하는 것, 즉 새로운 것과 기존의 것 사이에 인위적 고리를 만들어 주는 것

단원평가

문제 1. SQ3R은 독서를 할 때 독자가 취해야 할 행동의 첫 글자를 따서 지은 것이다. 순서가 맞게 된 것은?

① 질문-개관-읽기-암송-복습 ② 개관-읽기-질문-암송-복습
③ 개관-질문-읽기-암송-복습 ④ 개관-읽기-암송-질문-복습

정답 ③

(설명) 독서를 할 때 학습자는 개관(Survey), 질문(Question), 읽기(Read), 암송(Reciting), 그리고 복습(Review)의 절차를 따라 학습하는 것이 매우 효율적이다.

문제 2. 부호화의 처리과정을 촉진시키는 방법 네 가지를 들고 간단히 설명하시오.

정답

① 능동성: 학문적 내용에 대하여 학습자가 능동적으로 참여함
② 조직화: 개별적인 정보를 관련있는 것끼리 묶어 범주나 집단으로 분류하는 것
③ 정교화: 개별적인 정보 간에 연합의 수를 증가시켜 가는 것
④ 기억술: 학습내용에 존재하지 않는 연합을 만들어 부호화하는 것

참고문헌

박혜남(2010). 진로와 직업설계. 경기: 신광문화사.
임규혁, 임웅(2007). 학교학습 효과를 위한 교육심리학. 서울: 학지사.
정형권(2018). 창의와 융합시대 10대를 위한 몰입 공부법. 경기: 주식회사 성안당.

CHAPTER 04

미래를 이끄는 대외활동

학 | 습 | 개 | 요

- 경력개발능력은 자신의 진로목표를 단계적으로 설정하고, 목표를 성취하기 위한 역량을 개발해 나가는 능력이다. 취업시장이 지속적으로 변화되고 경쟁률이 높아지고 있기 때문에 교내·외의 비교과 프로그램을 활용하여 현장에 필요한 역량을 강화하는 것은 우리의 과제이다.
- 또한, 블라인드채용이 강화되어 교내외 경험 활동은 직무수행능력 더불어 경력개발능력으로 평가되고 있기 때문에 중요한 평가지표가 되고 있다.
- 이 단원에서는 학교 밖 대외활동 프로그램을 활용하여 현장에 필요한 역량을 강화하여 현장에 필요한 핵심 역량을 준비해 보고자 한다.

학 | 습 | 목 | 표

1. 대외활동 정보를 수집할 수 있다.
2. 경력개발 분야별 세분화된 계획을 세울 수 있다.

읽을거리

늘어나는 수시채용 … 경험 직무역량 키우는 게 취업꿀팁

앞으로 취업을 준비하는 구직자들은 희망하는 직무와 관련된 경험과 능력을 쌓는 데 집중해야 한다. 국내 주요 기업들이 현업에서 필요한 인재를 즉시 채용할 수 있는 '수시채용' 방식을 확대하고 있기 때문이다.

공채를 축소하고 수시채용을 도입하기로 한 주요 기업은 LG그룹, 현대차그룹, SK그룹, KT 등이다. 이들 기업은 빠르게 변화하는 비즈니스 환경에 맞춰 직무에 적합한 인재를 즉시 채용하는 방식으로 채용방식을 전환하기로 했다. 이에 따라 직무적합성이 더욱 중요해졌다. 정기적으로 진행되는 공채방식과 다르게 수시채용은 기업별 채용 시기를 예상하기 어렵기 때문에 목표 기업을 미리 설정하고 해당 기업의 채용 전형을 고르게 준비해두는 것이 좋다. 취업포털 사람인은 "취준생들이 직무 중심 채용 방식에 대비하려면 명확한 직무 설정을 바탕으로 직무에 대한 정보를 최대한 확보하여 다양한 경험(인턴십, 직무교육 등)을 통해서 핵심역량을 개발하는 것을 우선적으로 해야 한다"며 "특히 서류전형이 간소화되고 변별력이 낮아지면서 직무역량을 평가하기 위한 면접전형이 세분화되고 강화될 예정이라 이 부분에 대해 대비도 필요하다"고 조언했다.

코로나19로 인해 기업의 채용 문화가 '비대면'(언택트) 방식으로 변화하고 있다는 점도 유의해야 한다. 삼성은 올 상반기 GSAT를 비대면으로 진행했고 LG전자 · SK텔레콤 · 카카오 등도 화상 면접을 진행했다. 코로나19 사태가 장기화하고 있어 기업의 비대면 채용 방식은 하반기에도 이어질 것으로 전망된다.

자료: 디지털타임즈(2020.07.06)

생각해보기

- 사회에서 필요로 하는 인재는 어떠한 역량을 가져야 할까요?
- 다양한 경험이 왜 중요할까요?

1. 대외활동의 중요성

사회에서 요구하는 역량을 갖춘 인재는 특정지식이나 기술을 기본으로 스스로 지식을 구성하며 다양하고 복잡한 문제 상황에서 지식과 기술을 활용하여 문제를 해결할 수 있는 인재이다. 국가에서는 사회 현장에 필요한 인재를 양성하기 위해서 산업현장에서 직무를 수행하기 위해 요구되는 역량을 지식, 기술, 태도로 구분화·체계화하여 국가직무능력표준(NCS: National Competency Standard)인 직무수행능력과 직업기초능력을 개발하고 공기업 등에 능력중심채용을 적용하고 있다. 이에, 학생들은 변화되는 능력중심채용을 준비하기 위해서 정규 교육과정 외 자신의 역량을 향상시키기 위한 활동으로서 학교 밖 프로그램에 참여하며 경력관리를 하고 있다. 기업에서도 청년들에게 다양한 활동의 기회를 제공하기 위하여 사회봉사·공모전·인턴십 등의 활동을 제공하고 있다. 이러한 경험은 사회진출 시 '경험 및 능력중심인재' 선발의 중요 지표가 되고 있다.

민간기업의 채용방식 또한 변화되어 지식과 기술을 활용한 문제 해결능력, 의사소통능력 등의 종합적 평가방식이 지표가 되고 있다. 이러한 변화에 대응하기 위해서는 저학년부터 목표설정을 통해 다양한 비교과활동에 참여하여 '현장중심·직무역량중심·경험중심'의 학습전략을 세워야 한다. 인생의 진로에 대한 목표가 생기는 순간, 그것과 관련된 기회를 포착하고, 나아가 성취에 대한 도전의식, 전략수립의 의지를 실행화하여 다양한 대외활동을 통해서 목표의 현실화를 시키기 위한 발돋움을 해야 한다.

8대 스펙		요즘 취업 8대 스펙?
학벌	1위	수상경력
학점	2위	인턴
토익	3위	봉사
자격증	4위	자격증
어학 연수	5위	어학연수
수상 경력	6위	토익
인턴경험	7위	학점
	8위	학벌
과거	➡	현재

(고용노동부 조사)

자료: 아시아경제, 2018.

그림 4-1 취업8대 스펙의 순위변화

2. 대외활동 프로그램의 종류

1) 직무역량강화 프로그램

(1) 한국생산성본부

한국생산성본부(www.kpc.or.kr)는 산업현장의 새로운 변화에 맞서 산업의 생산성 향상 및 사회구성원의 역량강화를 위한 다양한 교육 및 컨설팅 사업을 운영하고 있다. 유료 교육과 국가 지원을 받아 진행되는 무료교육이 개설되어 운영되고 있다. 총무, 재무, 마케팅, 생산 등 직무별, CS, 유통·물류, IT 등 업종별 등으로 구분화 되어 직무역량을 강화 시킬 수 있는 교육정보를 제공 받을 수 있다. 경영지원(총무, 인사, 마케팅, 홍보, 구매 등)는 국가자격증이 없는 분야로 직무에 분야별 교육을 이수하여 직무역량강화인재로 평가 받을 수 있도록 준비해야 한다.

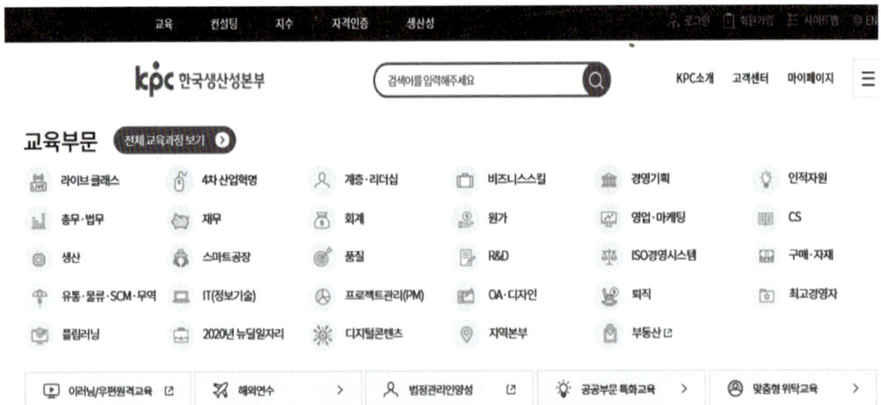

그림 4-2 한국생산성본부 내 교육프로그램

(2) 산업협회

'관심산업 +협회', '관심직무 + 협회'를 검색하면 각종 직무별·산업별 협회 내의 직무교육 정보를 제공 받을 수 있다. 예를 들어 한국인사관리협회(www.insabank.com)의 인사조직부문·노무노사관리·HRD부문, 총무·사보·비서부문, 한국바이오협회(www.koreabio.org)의 바이오제조 GMP 기술인력 양성과정, 바이오전문 인력양성과정, 한국소프트웨어산업협회(www.sw.or.kr)의 채용예정자 과정 중 SW직무역량 및 4차 산업혁명분야 IoT·빅데이터·AI 등의 직무별·산업별 협회에 개설된 직무교육 정보를 참고하여 역량을 강화해 보자.

(3) 청년취업아카데미

고용노동부가 청년들의 직무역량강화를 위하여 운영되고 있는 '청년취업아카데미'사업을 활용해 보자. 전액 무료로 고용노동부 취업성공패키지 사업을 통하여 참여하면 훈련 수당도 받을 수 있다. 청년취업아카데미(www.hrdbank.net)는 고용노동부가 민간교육기관과 대학의 컨소시업을 통하여 지원하는 사업으로 빅데이터 활용 스마트 웹&앱 콘텐츠제작과정·글로벌무역전문가 양성과정·JAVA기반 IT콘테츠제작과정 등 다양한 분야별 역량강화 프로그램으로 구성되어 있다. 4학년 재학생 및 휴학생을 대상으로 아카데미가 진행되므로 커리어로드맵 구축 시 4학년시기의 주요 활동으로 참고하여야 한다. 또한 공기업 채용을 준비하는 취업준비생이라면 고용노동부 사업 인 취업성공패키지(상담), 청년취업아카데미(훈련), 청년인턴(인턴)의 주요사업은 이수하는 것을 추천한다.

그림 4-3 고용노동부 청년취업아카데미

2) 기타 대외활동프로그램

(1) 대기업의 참여형 사회공헌 프로그램

기업의 신입사원 채용전형 중 협력 및 팀워크 등 공동체생활에 대한 역량을 평가하기 위해서 다양한 대외활동 프로그램 참여 경험을 중요한 지표로 활용하고 있다. 현대자동차 H-Social Creator, 교보생명 대학생 마케팅챌린저 청춘가곡, LG전자 대학생 CSR아카데미 러브지니 등 기업별 특색을 담은 프로그램을 기획하여 참여할 수 있도록 하여 역량강화를 위한 기회를 제공하고 있다. <그림 4-4>의 추천 대외활동을 참고하여 기업별 대외활동을 선택하고 참여해 보자.

활동명	시행처	모집시기
고공행진 마케팅 캠프	한국경제신문	상반기
글로벌 원정대	롯데 GRS	상반기
대학생 아시아 대장정	교보생명, 대산문화재단	상반기
대학생 기자단, 차세대 마케팅 리더	한국마케팅협회	하반기
드림윙즈	아시아나	3월초
LG글로벌 챌린저	LG	상반기
제주다우미	이니스프리모음재단	4~5월경 모집
삼성전자	대학생봉사단	12월
상상유니브	KT&G	상시 (대학생 문화센터)
건명원(인문학)	두잉문화재단	상반기
녹색건축전문인력양성과정(A)	건설기술교육원	상/하반기
지양 라이프아카데미(인성교육)	동원육영재단(동원그룹)	하반기
외교 · 통일 · 안보 아카데미	청년소사이어티,국회	하반기
아름인 해외봉사단	신한카드	홈페이지 공고 확인
천국의 알바	알바천국	연 2회 홈페이지 공고 확인
상상 VOLUNTEER	KT&G	5월, 12월
대학생 자원봉사단 유챔프	유니세프 한국 위원회	7월
해피무브 글로벌 청년봉사단	현대자동차그룹	상하반기
대학생 자원봉사단 SUNNY	SK	상하반기
드림클래스	삼성	홈페이지 공고 확인
레드클로버	기아자동차	홈페이지 공고 확인
대한민국농식품 미래기획단 YAFF	한국농수산식품유통공사	상시모집(홈페이지 참고)
그린어스	이니스프리	상/하반기
시어캠퍼스	록시땅코리아	5월/11월
영랩마케터	삼성카드	홈페이지 공고 확인
해외안전여행 대학생서포터즈	외교부	매년 2회 모집

활동명	시행처	모집시기
관광두레 청년 서포터즈	문화체육관광부	블로그 공고 확인
체육시설안전홍보 서포터즈	국민체육진흥공단	5월
JIN&JINY	오뚜기	홈페이지 공고 참조
트래블리더	한국관광공사	매년 상반기
대학생 에디터	LG화학	1월/7월
커뮤니케이션파트너 더블로거	LG전자	12월
리포터즈	삼성전자	상/하반기
스토리기자단	EBS	상/하반기
대학생 기자단	LS그룹	상반기
상상마케팅스쿨	KT&G	홈페이지 공고 참조
한·일·중 대학생 외교캠프	외교부	상반기
아산서원	아산나눔재단 아산정책연구원	홈페이지 공고 참조
LG소셜 챌린저	LG	상반기
글로벌 녹색성장 서포터즈	외교부	매년 6월경
금융아카데미 SFC	신한생명	수시모집

그림 4-4 기업별 참여형 사회공헌 프로그램

(2) 공모전

최근 기업의 채용 트렌드가 '스펙초월'로 향하며 '창의역량', '문제해결역량'이 강조되고 있다. 입사지원서 및 면접에서도 지원자들은 입을 모아 도전·혁신·창의 등의 단어를 근거 없이 외치곤 한다. 공모전은 학창생활을 하면서 도전·혁신·창의에 대한 자신의 역량을 증명해 주는 열쇠가 된다. 자신의 진로목표에 적합한 공모전 참여는 직무역량에 대한 설명까지 할 수 있는 중요한 경험이 된다. 다양한 공모전 정보를 수집하고 실행에 옮겨 역량을 강화해 보자.

활동명	시행처	모집시기
국토교통기술 아이디어	국토교통부	상반기
중소기업 바로알리기 IDEA	중소기업중앙회	상반기
중소벤터기업 지원 아이디어	중소기업진흥공단	하반기
창조경제타운비즈니스아이디어	지식자본연구회	하반기
상상실현 콘테스트	KT&G	하반기
외식아이디어 UCC공모전	아모제푸드	하반기
대학(원)생 경제논문 공모전	한국경제	하반기
대학(원)생 통일 논문 및 통일 홍보영상 현상공모	통일부	9월경
한국전자파학회 전파분야 대학(원)생 논문공모	한국방송통신전파진흥원	하반기
삼성전기 논문대상	삼성전기	6~8월경
국제개발협력 논문현상공모	KOICA 대학(원)생	2월경
Arti-Star 청춘 아티스트 공모	KB청춘마루	하반기
에너지콘텐츠공모전	한국에너지공단	5~7월경
대학생광고공모전	문화체육관광부	상반기
NET챌린지캠프	과학기술정보통신부	상반기
대산대학문화상	대산문화재단	9월 초~11월 중순
아동문학대전	눈높이	마케팅 지원 6~7월경
미래패키징 신기술 정부포상	산업통상지원부	상반기
대한민국반도체설계대전	한국반도체산업협회	3~8월
인천건축학생공모전	인천광역시	상반기 접수, 하반기 전시
대한민국 건축대전 국제 일반 공모전	한국건축가협회	상반기 접수, 하반기 전시
ICT 스마트 디바이스 전국 공모전	과학기술정보통신부	하반기
제주항공 REFRESH 마케팅 광고 공모전	제주항공	상반기

활동명	시행처	모집시기
케라시스 마케팅 공모전	애경	상반기
문화데이터 활용 경진대회	문화체육관광부	상반기
글로벌 SW공모대전	미래창조과학부	상-하반기
서울시 앱공모전	서울시	상-하반기
스마트관광 앱개발 공모전	한국관광공사, SK planet	하반기

그림 4-5 추천 공모전 리스트

(3) 그 외 대외활동 주요사이트

자신에게 적합한 대외활동을 탐색하고 선택하는 것이 경력관리의 중요한 시작점이 된다. <그림 4-6> 같이 지속적으로 활발히 운영되고 있는 대외활동 사이트를 참고하여 분야별로 정리해 보고 참여 가능한 프로그램을 정리해 보며 실행에 옮겨보자.

씽굿 www.thinkcontest.com	대티즌 www.detzen.net	씽유 www.thinkuniv.com
캠퍼스몬 campusmon.jobkorea.co.kr	공모전닷컴 www.gongmozeon.com	디자인정글 contest.jungle.co.kr
올콘 www.all-con.co.kr	큐넷 www.q-net.co.kr	스터디온 www.studyon.co.kr
대한상공회의소 lcense.korcham.net	한국농어촌희망재단 www.rhof.or.kr	한국장학재단 www.kosaf.go.kr
한국지도자육성재단 www.kosffl.or.kr	과외코리아 http://www.study4you.co.kr	알바천국 www.alba.co.kr
귀족알바 noblealba.career.co.kr	커리어알바로 career.albaro.com	중소기업현황정보시스템 sminfo.mss.go.kr
전자공시시스템 dart.fss.or.kr	중소기업중앙회 www.kbiz.or.kr	한국국제협력단(KOICA) www.koica.go.kr
굿피플 www.goodpeople.or.kr	라온아띠 www.raonatti.org	함께하는 사랑밭 www.withgo.or.kr
한국해비타트 www.habitat.or.kr	영삼성 www.youngsamsung.com	펀키아 www.funkia.kr
KT&G 상상마당 www.sangsangmadang.com	NAVER 20's campaign.naver.com/naver20s	해피무브 youth.hyundai-klamotors.com
영랩 www.samsungcard.com/younglab	한화데이즈 www.hanhadays.com	LG러브제너레이션 www.lovegen.co.kr
월드잡 www.worldjob.or.kr	정부해외인턴사업 www.ggl.go.kr	해외인턴십교류센터 www.globalintern.or.kr
피플앤잡 www.peoplenjob.com	잡코리아 www.jobkorea.co.kr	워크넷 www.work.go.kr
독취사 cafe.naver.com/dokchi	사람인 www.saramin.co.kr	취업대학교 cafe.naver.com/bebettergirls

그림 4-6 대외활동 주요 사이트

활동 1

교외 주요 희망프로그램 정리하기

다양한 경력관리 사이트를 방문하여 매뉴얼을 탐색해 보고 활동의 목적과 용도에 맞게 주요 희망프로그램 정리해 보자.

구분	희망 프로그램
직무교육	
자격증	
사회봉사	
기업체험 인턴 등	
공모전	
아르바이트	

단원평가

문제 1. 홍길동은 희망직무에 도전이라는 목표를 세우고 직무역량강화를 위해 노력하고 있다. 알맞지 않은 검색 사이트는?

① 한국생산성본부
② 고용노동부 청년취업아카데미
③ 홈쇼핑사이트
④ 직무 연관된 산업협회

정답 ③ 홈쇼핑사이트

참고문헌

삼육대학교(2019). 인생설계와 진로. 엘리트코리아.
채희원 외(2018). 직업기초능력 개발과 응용. 한국폴리텍대학.

CHAPTER 05

'168시간' 나의 168시간은 어디에?

학 | 습 | 개 | 요

- 시간관리란 자신과 자기생활을 관리하는데 주어진 시간을 극대화하여 의미 있게 사용하는 것이다.
- 목표를 달성하기 위해서는 전적으로 시간을 어떻게 관리하느냐에 달려있다. 사람은 누구에게나 공평한 24시간이 주어져 있기 때문에 시간을 어떻게 사용하느냐에 따라 자신의 가치와 미래를 변화시킬 수 있다.
- 이 단원에서는 시간을 효율적으로 관리하여 자기개발 역량을 체계적으로 갖추기 위하여 자신의 시간관리능력을 진단하고 방법을 배워보고자 한다.

학 | 습 | 목 | 표

1. 일주일 동안 일어난 일을 정리하여 자신의 시간관리 역량을 분석할 수 있다.
2. 자신의 목표를 명확히 하고 일정을 단계별로 수립하여 우선순위에 따라 수행할 수 있다

읽을거리

어떤 시간관리 전문가에 관한 이야기입니다.

"자 퀴즈를 하나 해봅시다."

수업시간 그는 테이블 밑에서 커다란 항아리를 하나 꺼내 올려놓고 주먹만 한 돌을 꺼내 항아리 속에 하나씩 넣기 시작했습니다. "이 항아리가 가득 찼습니까?" 학생들이 대답했습니다. "예!" 그러자 그는 "정말?" 하고 되물었습니다.

다시 테이블 밑에서 조그만 자갈을 한 웅큼 꺼내 다시 넣었습니다. 주먹만 한 돌 사이에 조그만 자갈이 가득 차자 그는 다시 물었습니다. "이 항아리가 가득 찼습니까?"

눈이 동그래진 학생들은 "글쎄요" 다시 테이블 밑에서 모래주머니를 꺼내들고 넣었습니다.

"이 항아리가 가득 찼습니까?" 학생들은 말했습니다. "아니요" 다음 물을 한 주전자를 꺼내서 항아리에 부었습니다. "이 실험의 의미는 무엇입니까?" 한 학생이 즉각 손을 들더니

"매우 바빠서 스케줄이 가득 찼더라도 노력하면 새로운 일을 그 사이에 추가할 수 있다는 것입니다." "아닙니다." 시간관리 전문가는 즉시 부인했습니다."그것이 요점이 아닙니다.

〈만약 당신이 큰 돌을 먼저 넣지 않는다면 영원히 넣지 못할 것이다〉입니다."

생각해보기

나에게 주어진 시간은 항아리처럼 한정되어 있습니다. 여러분의 대학생활에서 가장 먼저 채워야 할 큰 돌은 무엇일까요?

1. 시간관리의 중요성 : 가장 큰 경쟁력은 1분이다

사람은 누구나 모두 24시간을 갖고 있다. 각자에게 주어진 시간도 같고, 능력도 엇비슷한데 어떤 사람은 일생동안 많은 업적을 남기고 성공적인 인생을 사는가 하면, 어떤 사람들은 바쁘다는 핑계로 인생을 허비한 것을 후회하면서 자신의 일생을 끝낸다. 이런 차이를 만드는 요인은 다양하지만, 가장 큰 요인은 사람마다 시간관리 능력이 다르기 때문이다. 애플의 CEO 팀쿡은 새벽 4시면 일어나서 메일을 보내고 헬스장으로 나가 아침 운동을 시작한다. 세계 최고의 부자 빌게이츠는 분 단위로 시간 계획을 세우며 업무에 집중하는 반면 건강한 수면과 좋은 아이디어를 위한 장기간의 휴식을 취하는 데도 시간을 아끼지 않는다. 반면 시간관리를 잘 못한다면 시간 압박으로 인해 스트레스를 많이 받아서 건강을 해치고 바쁘게 일해도 일의 능률이 떨어지고, 성과를 거두지 못하게 된다. 특히 업무에 서툰 신입사원의 경우 마감기한을 맞추지 못해 팀원 전체에게 피해를 줄 수 있으므로, 하루 스케줄을 어떻게 계획하고, 어떤 업무를 언제까지 끝낼 것인지 결정하여 실행하는 것은 자신의 업무 성과뿐만 아니라 전체 결과의 성패를 좌우할 수 있다. 즉 시간을 어떻게 사용하느냐에 따라 자신의 가치와 미래가 달라질 수 있다.

시간관리란 자신과 자기생활을 관리하는데 주어진 시간을 극대화하여 의미 있게 사용하는 것이다. 연구결과에 따르면 시간관리를 잘할 경우 시간을 절약해서 자신의 인생을 자율적으로 조절하고, 다른 사람의 영향이나 생활환경의 영향을 덜 받을 수 있다고 한다. 또한 시간관리 전략이 직장생활 및 가정생활 만족도와 밀접한 관계가 있다는 것이 검증되었다. 직장인들에게 시간관리는 업무 효율성과 생활 만족감을 위해 필요한 '전문가로서 살아남기 위한 삶의 기술'로 인정되고 있다. 시간관리 전문가 Covey에 따르면 하루계획을 세울 때 가장 먼저 고려해야할 것은 '그 활동이 내 인생에 있어서 소중한 가치를 제공하는 것들인가'이다. Covey는 눈앞에 닥친 급하고 긴급한 일들을 처리하느라 정작 중요한 일들을 뒤로 미루게 된다면서, 가장 효율적인 시간관리 방법은 가장 중요한 활동을 가장 우선순위에 두고 처리하는 것이라고 제안했다. 이를 위해 시간관리는 보통 5단계로 이루어진다. ① 목표세우기 ② 현재 시간사용 분석하기 ③ 계획하기 ④ 실행하기 ⑤ 평가하기이다. 1단계는 나에게 중요한 가치를 명료화하여 목표로 나타내고, 목표 간에 우선순위를 정하는 것이다. 2단계는 자신의 시간 사용량을 기록하여 어떤 부분에서 불필요하게 시간을 낭비하고 허비하고 있는지 파악하는 것이다. 3단계는 목표달성을 위해 가장 중요한 일부터 목록을 정하고, 언제, 어디서, 무엇을 등 구체적인 실천 내용을 계획하는 것이다. 4단계는 계획에 따라 실행하는 것을 의미하며, 5단계 평가하기는 시간 사용방법이 적절했는지, 시간 계획이 현실적이었는지 검토하는 것을 뜻한다. 이와 같이 하루 24시간을 관리하고, 축적시키는 과정을 반복하다 보면 자신이 원하는 인생목표가 실현될 것이다.

2. 시간관리의 네 가지 유형

1) 창조형

창조형의 사람은 시간관리에 필요한 계획을 자신이 세우고 실천하여 시간관리를 잘 해낼 뿐 아니라, 시간활용을 창조적으로 하여 효율성을 극대화시킨다. 시간관리의 중요성에 대해 인식이 높고 철저한 자기관리능력을 가지고 있다.

2) 합리화형

합리화형의 사람은 시간관리에 대한 중요성은 인식하고 있지만 실천력이 부족하다. 무엇을 해야겠다는 생각은 자주하지만 막상 계획을 세우게 되면 만연해 지고 몸이 따라주지 않는 스타일이다. 생각하는 것에 대한 실천이 이루어지지 않은 사람으로 자신이 실천하지 못한 시간관리에 대해 변명이나 핑계 등의 방법을 사용하여 합리화 한다. 화려한 언변으로 실천하는 것과 같은 연기를 보이는 사람도 있어 합리화형을 연기형이라고도 부른다.

3) 분주형

분주형의 사람은 시간관리에 대한 중요성을 인식하지 못한 채 시간관리를 행동으로 실천하려고 하는 사람이다. 무언가 시간관리를 위해 노력하는 것처럼 보이지만 효과적으로 일을 처리하지 못해 분주한 모습을 보인다. 주변사람들에게는 바쁜 사람으로 인식되기도 한다. 효과적인 시간관리을 위해서는 구체적인 메모기법을 익히면 도움이 된다.

4) 소비형

소비형의 사람은 시간관리의 중요성에 대한 인식과 실천력 모두가 부족한 사람이다. 대부분의 시간을 효율적으로 사용하지 못하고 의미 없이 시간을 보낸다. 자신 뿐만 아니라 주변의 사람들까지 끌여들여 시간을 낭비하는 특성을 보인다. 시간관리에 대한 중요성을 인식시키고, 실천하기 위한 구체적인 기법을 익히도록 해야 한다.

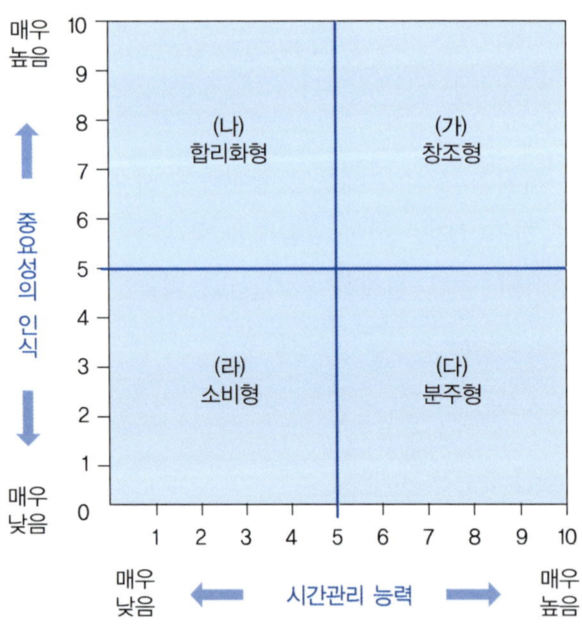

그림 5-1 시간관리의 네 가지 유형

활동 1

나의 시간관리 진단

아래의 문항을 읽고 '그렇다'고 여겨지는 문항에 체크를 하세요.
체크한 문항의 총 개수가 당신의 점수입니다.

문 항	그렇다
1. 20년 후, 30년 후의 내 모습을 쉽게 상상할 수 있다.	
2. 가능하면 일찍 출근하려고 한다.	
3. 사전에 계획하는데 시간을 많이 할당하는 편이다.	
4. 시간약속을 철저히 지키려고 노력한다.	
5. 시간이 남을 때 할 일을 2-3가지는 준비하고 있다.	
6. 쓸데없다고 생각하는 요구는 쉽게 거절할 수 있다.	
7. 어떤 일에든 목표를 명확히 하려고 노력한다.	
8. 업무를 할 때 스스로 마감시간을 정하는 편이다.	
9. 업무와 관련된 다른 사람들의 스케줄에도 항상 관심을 두고 있다.	
10. 술자리에서 일어나야겠다고 마음먹는 대로 일어나는 편이다.	
11. 일을 할 때는 우선순위를 정해서 한다.	
12. 일을 혼자서 다 처리하기 힘들 때는 동료에게 도움과 조언을 솔직히 구하는 편이다.	
13. 출근시간을 잘 활용하려고 노력한다.	
14. 하루나 일주일의 시간계획표를 짜는 편이다.	
15. 회의를 하기 전에 많은 준비를 하는 편이다.	
16. 타인과 관련된 일에서는 항상 타이밍을 의식한다.	

■ 자가진단 결과

17점 이상	당신은 스스로 시간을 잘 통제할 수 있습니다.
13~16점	당신이 계획을 세우는 방식은 효과적입니다.
10~12점	자신의 가치와 목표에 따라 소중한 일에 초점을 맞추고 긴급한 일을 처리해야 합니다.
9점 이하	계획을 세우는 방식을 개선할 필요가 있습니다. 일의 우선순위를 정하고 세부적인 것부터 시작해 결정된 사항을 추진력 있게 진행할 수 있도록 노력이 필요합니다.

활동 2

현재 나의 사용시간 분석하기

■ 누구에게나 평등하게 주어진 1주 = 168시간, 과연 나는 어떻게 보냈을까?
- 24시간 × 7일 = 168시간
- 168시간 – 18시간 (한 학기 최소 학점시간) = 150시간

1주일 168시간 중에서 한 학기 최소 학점 시간인 18시간을 제외하면, 학기 중에 내 의지대로 통제할 수 있는 시간은 최소 150시간이 된다. 다음의 기준에 따라 지난 일주일간의 사용시간관리 분석을 통해 효율적으로 시간관리를 할 수 있도록 한다.

생산적 활동 시간	일상 유지하는 시간	나를 위한 여가시간
- 학교 수업 - 학원 수업 - 아르바이트 - 학교/학원숙제 - 시험공부 - 동호회 - 종교활동 - 웹툰, 잡지 등을 제외한 독서 - 봉사활동	- 세수, 샤워 - 식사 - 수면 - 이동시간	- TV시청 - 수면 - 운동 - 데이트 - 여행 - 노래방 - 영화관람 - 게임 - 낮잠

실습방법은 ① 3가지 다른 색의 팬(색연필/사인펜 등)을 준비한다 ② 볼펜이나 연필로 과거의 일주일에 무엇을 했는지 1시간 단위로 기재한다. ③ '생산시간/ 일상시간/여가시간'으로 구분하여 다른 색으로 구분한다. ④ 색칠한 시간을 보고 생산/일상/여가시간을 취합하여 시간을 계산하고 스케줄 표의 우측란에 기재한다.

[Weekly Time schedule]

시간	월	화	수	목	금	토	일	total
0시~1시								생산적 활동시간
1시~2시								
2시~3시								
3시~4시								
4시~5시								
5시~6시								
6시~7시								
7시~8시								
8시~9시								일상생활 시간
9시~10시								
10시~11시								
11시~12시								
12시~13시								
13시~14시								
14시~15시								
15시~16시								
16시~17시								여가활동 시간
17시~18시								
18시~19시								
19시~20시								
20시~21시								
21시~22시								
22시~23시								
23시~24시								

시간	월	화	수	목	금	토	일	합계
0시~1시	아르바이트	여가 시간	씻고 잘 준비	씻고 잘 준비	아르바이트	아르바이트	아르바이트	생산적 활동시간
1시~2시	씻고 잘 준비	잠	잠	잠	씻고 잘 준비	씻고 잘 준비	씻고 잘 준비	
2시~3시	잠				잠	잠	잠	
3시~4시								
4시~5시								17시간
5시~6시								
6시~7시	식사, 나갈 준비		식사, 나갈 준비	식사, 나갈 준비				
7시~8시		식사, 나갈 준비						
8시~9시								일상생활 시간
9시~10시	차 타고 이동		차 타고 이동	차 타고 이동				
10시~11시	수업	차 타고 이동	수업	수업				
11시~12시		수업				과제	과제	
12시~13시		식사			식사	식사	식사	86시간
13시~14시	차 타고 이동	수업	식사	식사	여가 시간	수업	수업	
14시~15시	여가 시간		수업	수업				
15시~16시								
16시~17시					씻고 준비	씻고 준비	씻고 준비	여가생활 시간
17시~18시			차 타고 이동	차 타고 이동				
18시~19시		차 타고 이동	여가 시간	아르바이트	아르바이트	아르바이트	아르바이트	
19시~20시		여가 시간						
20시~21시								25시간
21시~22시								
22시~23시								
23시~24시								

그림 5-2 일주일 시간 관리 계획(예시)

3. 시간의 우선순위 : 일의 우선순위 정하기

시간관리 계획에 있어 가장 기본적인 것은 "우선순위(priority)"를 결정하는 것이다. 우리가 매일 처리해야 하는 일들을 '중요하고 급하게 처리해야 하는 일, 중요하지만 급하지는 않은 일, 급하지만 중요하지 않은 일, 급하지도 중요하지도 않은 일'로 나눌 수 있다. 대부분의 사람은 중요한 순서가 아니라 하고 싶은 일이나 쉬운 일을 우선적으로 처리한다. 중요한 순서대로 일을 처리하면 시간효율을 더 높일 수 있다. 성과를 얻고 싶다면 가장 중요한 일을 제일 먼저 끝마치고, 일의 중요도에 따라 우선순위를 파악하며, 다음 순서에 처리해야 하는 일은 급한 업무지만 중요성의 여부도 함께 고려해야 한다.

대학생활 중 일정표를 가져와 "해당 해야 할 일이 당신의 인생목표 혹은 단기 목표를 이루는 데 도움이 되는가?"라는 질문을 하면서 항목별로 점검한다. 그리고 생각하는 매트릭스에 표시하고 우선순위에 따라 번호를

	긴급함	긴급하지 않음
중요함	**Ⅰ 긴급하면서 중요한 일** · 위기상황 · 급박한 문제 · 기간이 정해진 프로젝트	**Ⅱ 긴급하지 않지만 중요한 일** · 예방 생산 능력 활동 · 인간관계 구축 · 새로운 기회 발굴 · 중장기 계획, 오락
중요하지 않음	**Ⅲ 긴급하지만 중요하지 않은 일** · 잠깐의 급한 질문 · 일부 보고서 및 회의 · 눈앞의 급박한 상황 · 인기 있는 활동 등	**Ⅳ 긴급하지 않고 중요하지 않은 일** · 바쁜 일, 하찮은 일 · 우편물, 전화 · 시간낭비거리 · 즐거운 활동 등

그림 5-3 일의 우선수위 판단을 위한 매트릭스

매긴다. 급한 정도와 시간효율도 함께 고려하는 것이 중요하다. 예를 들어 감기에 걸렸다면 병원에 가는 것이 가장 중요하다. 이때 병원에 가지 않고 일을 한다면 얻는 것보다 잃는 것이 더 많아질 것이다. 또 다른 예로 지금 쇼핑을 가고 싶은데 중요하게 처리할 과제가 있다. 그렇다면 고민할 것도 없이 과제를 끝마친 다음 쇼핑을 가야 한다. 과제는 중요하고 급하지만, 쇼핑은 급하지도 중요하지도 않은 일이기 때문이다.

활동 3

나의 우선순위 판단하기

현재 자신의 일상생활 중의 해야 할 일을 우선순위 판단을 위한 매트릭스를 참고하여 기재해 보고 계획을 세워보자.

– 지금 현재 해야 할 일

①
②
③
④
⑤
⑥
⑦
⑧
⑨
⑩

	긴급함	긴급하지 않음
중요함		
중요하지 않음		

– 자신의 시간관리 계획 다짐을 적어보자.

단원평가

문제 1. 직장생활에서 적절한 시간관리 방법이 아닌 것은 무엇인가요?

① 매일 해야 할 일정을 메모장에 기록한다.
② 어떤 업무든지 주어진 순서 그대로 완벽하게 처리한다.
③ 업무 시작하기 전에 상사에게 자신이 알지 못하는 일정이 잡혀있는지 확인한다.
④ 퇴근 전 일을 다 끝내고, 내일 할 일을 우선순위대로 리스트를 작성해 놓는다.
⑤ 업무량이 많아서 혼자 처리가 어려운 경우, 중요성과 긴급성이 떨어지는 과업은 위임한다.

정답 ②

(부연) 효율성을 가지고 시간을 관리하는 것이 중요한다.

참고문헌

쉬쉔장 저, 하정희 역(2018). 하버드 첫 강의 시간관리 수업. 리드리드출판.
스티븐코비 저, 김경섭 역(2002). 소중한 것을 먼저 하라. 김영사.
이규은(2019). 자기계발과 직업. 동문사.
이주희 외 1명(2008). 대학생의 시간 관리에 관한 연구 : 서울과 지방의 비교를 중심으로. 청소년학연구 제15권 제2호.
채희원 외 2명(2019). 직업기초능력 개발과 응용[심화편]. 한국폴리텍대학.

PART 03

진로성찰

CHAPTER 06

위기의 순간 나를 돕는 '흥미'

학 | 습 | 개 | 요

- 진로관련 심리변인 중 흥미는 예언력이 높은 변인이다. 특정한 사람, 사물, 활동에 대한 관심을 의미하는 흥미는 진로와 관련된 다양한 심리검사 중 자기이해와 직업탐색을 위한 대표적인 심리검사로 활용된다. 특히나 대학생의 흥미검사는 복수전공이나 융합전공 탐색, 세부전공 분야, 세부 직무활동도 확장하여 탐색해 볼 수 있다.
- 이 단원에서는 흥미의 개념과 구성요인을 기반으로 자신의 흥미특성을 이해하고 만족감을 높일 수 있는 진로대안을 모색해본다. 또한 자신의 진로목표와 흥미의 적합성, 진로갈등과 진로문제에 대해 예측해 본다.

학 | 습 | 목 | 표

1. 흥미의 개념과 구성요인을 이해한다.
2. 자신의 흥미유형을 파악하고 이에 적합한 직업을 탐색한다.
3. 자신의 흥미유형-전공, 자신의 흥미유형-진로목표와의 적합성을 분석해본다.

읽을거리

내가 진짜 좋아하는 일을 찾자

강수진은 세계적인 춤꾼이다. 그의 실력은 국내외에서 알아준다. 독일 슈투트가르트발레단 수석무용수인, 34살의 그는 99년 말 謀(모) 춤 전문지가 선정한 '20세기 한국의 대표적인 춤꾼 6명'에 들 뻔했다가 빠진 적이 있다. 당시 저명한 춤 평론가 9명은 "강수진은 아직 역사적 평가를 하기엔 아직 어리다"는 이유를 들어 그에게 '베스트 6표'를 몰아주지 않았다. 이럴 정도로 강수진은 젊은 나이에 성공한 인생이다. 그는 연습광이다. 한 시즌에 토슈즈 1백50켤레를 닳아 없애는가 하면, 공연 전 연습을 할 때는 하루에 19시간을 춤 출 때도 있다. 주위에서 그녀를 지켜보는 사람들은 강씨의 엄청난 연습량에 압도된다. 그리고 가냘픈 여성인 그가 어째서 세계적인 춤꾼인지 이해하게 된다. 그는 누가 뭐라고 해도 틀림없이 연습벌레이며, 독일 속담처럼 연습이 그를 대가로 만들었다. 그러나 그는 자신의 성공이 단지 연습의 결과라고 생각지 않는다. 그 자신이 꼽고 있는 제1의 성공요인은 단순하지만 강력한 한 마디에 들어 있다. "나는 춤추는 것을 좋아한다"라는 것이다. 좋아하기 때문에 강씨는 하루 종일 춤을 추고 다음날 또 출 수 있는 것이다. 연습이 노력만 가지고 되는 것이라면, 그 일은 괴롭다. 노력이 미덕임에 틀림없다. 하지만 평생을 노력만 하고 살아야 하는 사람이 있다면, 그의 삶은 얼마나 팍팍하고 고단할 것인가? 묻지 않아도 뻔한 일 아닌가. 강씨의 경우 좋아서 하는 일이니까 어려움을 견디고 끔찍한 훈련도 마다하지 않는 것이다.

직장인 중에서 좋아하는 일을 하며 사는 사람은 별로 많지 않다. 맡겨진 일이니까 하는 것이다. 그리하여 월급만큼만 일하고, 삶은 지루하고 일상은 시들하다. 어디에도 열정은 없다. 열정이 없는 곳에서 그 일의 대가(大家)는 나올 수 없다. 보통의 직장인들이 자신의 삶 속으로 뜨거운 열정을 끌고 들어오려면 어찌해야 할까. 우선 인생은 '하고 싶은 일을 하며 사는 것'이라고 스스로를 설득할 수 있어야 한다. 자신을 설득하는 데 드는 시간은 오래 걸리지 않는다. 왜냐하면 모든 사람이 하고 싶은 일을 하며 살고 싶어하니까. 그런데 왜 그렇게 못 하는 사람들이 대부분일까? 그렇게 할 수 없는 상황 때문이라고 믿는 사람들이 꽤 많기 때문이다. 그나마 있는 직장을 버리면 어떻게 먹고 살겠느냐는 경제적 걱정이 앞선다. 이게 일반적인 생각들이다.

그러나 이것은 대부분 착각이다. 유감스럽지만, 대부분의 직장인은 자신이 좋아하는 일이 무엇인지 잘 알지 못하기 때문에 그 일을 할 수 없는 것이다. 지금의 삶이 원하는 삶이 아니라는 것은 분명히 알겠는데, 그 '무엇인가'의 정체는 뿌옇고 모호하다. 그래서 '그 일'을 택할 수 없는 것이다. 그러므로 좋아하는 일을 하려면, 우선 첫 번째 과제가 자신이 좋아하는 것이 무엇인지 알아내는 것이다. 나머지 인생 전체를 바쳐 하고 싶은 단 하나의 프로젝트를 발견해 내는 것이 우선적 과제인 것이다.

자료: http://blog.naver.com/kimgbrf

생각해보기

1. 내가 관심 갖고 있는 활동, 사물은 어떤 특성을 지니고 있을까요?
2. 나의 흥미와 전공, 나의 흥미와 진로목표의 적합성은 어느 정도 수준일까요? 적합성 수준이 낮으면 나는 어떤 준비를 해야 할까요?
3. 흥미검사 결과를 토대로 현재의 진로목표를 성취하게 되었을 때 예상되는 갈등은 무엇일까요?

1. 흥미의 개념

인간의 심리적 특성을 나타내는 요소에는 여러 가지가 있다. 그 중 흥미(interest)는 '무엇을 하고 싶다', '무엇을 하고 싶지 않다'와 같은 마음의 특성으로 어떤 활동이나 사람에 대해서 관심이나 주의를 갖는 개인의 일반화된 생각과 행동으로 정의할 수 있다. 즉 개인이 가치가 있다고 하는 것에 주의를 기울이고, 그것을 지향하려는 특징을 흥미로 개념화 할 수 있다. 흥미를 알아내는 방법으로는 선호활동에 대한 말과 글로 나타내는 표현된 흥미, 개인이 어떻게 시간의 보내는지 지켜보는 관찰된 흥미, 표준화된 검사를 통해 흥미를 파악하는 조사된 흥미로 구분된다(문윤경 외, 2013).

2. 흥미이론

1) Holland이론의 배경

진로교육에서는 표준화된 검사를 통한 진로탐색과 진로의사결정이 이루어지는데 이때 가장 널리 활용되는 것이 Holland의 성격검사(1992)이다. 직업흥미검사는 Holland의 성격이론에 기초하여 개발된 직업심리검사이다. 우리가 RIASEC이론 혹은 Holland이론이라고 부르는 흥미검사는 J. L Holland(1919~2008)에 의해 주창된 이론으로 많은 나라에서 흥미를 측정하는데 Holland의 모형을 활용하고 있으며, 다양한 분야의 연구자에 의해 모형의 안정성과 검사결과의 예측력이 입증되고 있다. Holland의 이론을 기반으로 한 성격검사는 1940년대 모병면접자로의 경험을 기반으로 군인들의 직업특성을 몇 개의 유형으로 설명할 수 있다는 것에 착안하여, 그 후 상담자로서 다양한 경험을 통해 분류체계를 개발하였고 미네소타 대학교에서 서로 다른 흥미를 가진 학생들은 서로 다른 성격적 특성을 갖는다는 확신을 갖고 이론을 정립해 나갔다.

2) Holland 흥미유형

Holland는 흥미유형을 현실형(Realistic), 탐구형(Investigative), 예술형(Artistic), 사회형(Social), 진취형(Enterprising), 관습형(Coventional)의 6가지 유형으로 구조화 하였다. 각각의 흥미유형의 특징은 다음과 같다.

(1) 현실형(Realistic type)

○ 선호하는 직업경향

- 실제적인 직업이나 상황을 선호함.
- 도구나 기계를 사용하여 일하는 것을 좋아하는 반면 사회성이 필요한 직업이나 상황을 피하려고 함.
- 자신과 비슷한 신념, 흥미, 가치를 가진 사람과는 잘 어울릴 수 있는 반면 다양한 흥미는 가지지 못함.

○ 인생 목표와 가치

- 전통적 가치 고집함.
- 제도적으로 제한된 환경에서 일하는 것을 선호하고 자유에 관한 신념을 갖고 있기도 함.
- 야망과 자기 통제력을 매우 중요한 가치고 여김.
- 세상일에 대해 단순하고 분명하며 보수적인 견해를 가짐.

○ 자기에 대한 신념

- 실질적이고, 신체적으로 강인하다고 지각함.
- 기계적이고 기술적인 능력에 뛰어나다고, 그러한 일들에 잘 숙련될 수 있다고 생각함.
- 신체능력이 뛰어나지만 말주변이 별로 없어서 자신의 생각이나 감정을 쉽게 표현하지 못하거나 다른 사람과 대화하는데 어려움을 겪음.

- 이 유형의 사람들 자신을 확실하고, 솔직하고, 순진하고, 실질적이며, 안정되고, 물질주의적이고, 부끄러움을 잘 타며 단순한 사람이라고 여김.

(2) 탐구형(Investigative Type)

○ 선호하는 직업경향

- 탐구적인 직업이나 상황을 선호하고 사회성이 필요한 직업이나 상황을 피하려는 경향이 많음.
- 복잡한 원리나 방법을 이해하거나 추상적이고 애매한 문제를 풀어가는 직업활동을 선호함.

○ 인생 목표와 가치

- 과학적이고 탐구적인 활동과 목표성취에 가치를 둠.
- 자신의 아이디어나 창의성을 발휘하는 것에 가치를 두고 세상의 현상을 해석하고 싶어하는 욕구가 강함.
- 시적이고 논리직이며 독립적으로 결정할 수 있는 능력에 가치를 두고 있으나 가족의 안정, 의기왕성하며, 우정 등에는 가치를 두지 않음.
- 자유로운 목표와 가치를 가지고 있으며 규율 속에 제한을 받기보다는 혁신적인 가치관과 태도를 갖는 경우가 많음.

○ 자기에 대한 신념

- 자신의 학문적 능력이나 지적인 능력에 대해서 자신감을 느끼고 있음.
- 스스로 리더십이나 설득력이 부족하다고 여김.
- 일 중심적이며 자신이 맡은 문제에 몰두하는 자기동기부여가 높음.

(3) 예술형(Artistic Type)

○ 선호하는 직업경향

- 상상력을 많이 사용하고, 감성적이며 충동적이고 독창적인 활동을

선호함.

- 작곡이나 저술, 연극과 영화 및 음악이나 미술작품을 창작하는 일과 같은 예술적인 직업이나 상황을 선호함.
- 자신의 직업활동이 여가활동이나 개인적 관심분야와 밀접하게 관련되는 것을 선호함.

○ 인생 목표와 가치

- 심미적 활동이나 성취를 중요한 가치로 여김.
- 사회규범이나 사회적 기대에 동조하기보다는 자기 내면세계의 표현 또는 평등과 같은 가치를 더 중요시함.
- 자유로운 목표와 가치를 가지고 있음.

○ 자기에 대한 신념

- 스스로를 정서에 민감하다고 생각하며 자신이 참여적이고 표현적이며 상상력이 풍부하고 예술적 창의성을 갖고 있다고 여김.
- 자신을 뛰어난 음악능력, 미술능력, 연기력, 집필력, 언어구사력 등과 같은 능력을 갖고 있는 사람으로 평가함.

(4) 사회형(Social Type)

○ 선호하는 직업경향

- 다른 사람을 도와주거나 교육, 양육하는 일들을 선호함.
- 다른 사람들에게 무언가를 설명하고, 가르치거나 어려운 사람들을 돕는 자선사업 등에 관심이 많음.
- 사람들 간의 갈등이나 의견을 좁혀 중재하고 상담하는 활동을 선호함.

○ 인생 목표와 가치

- 사회적이고 윤리적인 활동이나 성취를 중요한 가치로 생각함.
- 사람들이 서로 평등하고 도움을 주고 받으며 용서할 수 있는 세상을 희망함.

- 인생의 목적에 대한 고찰이나 종교활동 등에 가치를 둠.
- 일생동안 다른 사람을 돕고 올바르게 이끌어주며 보살피고, 훈련시키는 일을 중시 여김.

○ **자기에 대한 신념**

- 자신을 협력적이고 타인에게 친근감을 주는 사람으로 인식함.
- 스스로를 관대하고 설득력이 있으며 다른 사람들을 잘 도와준다고 여김.
- 개방적인 신념체계를 갖고 있으며 다소 전통적이고 관습적인 가치를 고수하기도 함.

(5) 진취형(Enterprising Type)

○ **선호하는 직업경향**

- 영업이나 마케팅, 정치활동이나 관리 및 감독 업무와 관련된 활동을 선호함.
- 조직이나 개인의 목표를 설정하고 새로운 정책이나 상황들을 해결해 가는 활동, 다른 사람들을 설득하고 영향력을 행사하는 직업활동을 좋아함.

○ **인생 목표와 가치**

- 진취적인 상황을 선호하고 경제나 정치분야에서의 성취를 가치있게 여김.
- 타인을 통제하고 자신은 통제에서 벗어나고자 하며 야망에 가치를 둠.
- 리더가 되고자 하며 공공적인 업무에서의 영향력을 중시함.

○ **자기에 대한 신념**

- 야심있고 모험을 즐기며 타인을 잘 설득하며 리더십을 갖고 있는 것으로 생각함.
- 다른 사람과 함께 일하며 경쟁하는 활동을 좋아하고 자신이 다른 사람들을 효율적으로 통제할 수 있다고 생각함.
- 자신이 대인관계능력이 있고 자신감 있으며 활기차고 낙천적이며

사교적이라고 여김.

(6) 관습형(Conventional Type)

○ 선호하는 직업경향

- 체계적으로 잘 구조화된 상황에서 구체적인 정보를 바탕으로 정확성과 세밀함을 요구하는 일을 선호함.
- 조직 내에서 자신에게 맡겨진 정보를 효과적으로 사용하여 조직의 기능을 효율적으로 수행하는 일들을 선호함.
- 수량화된 정보를 다루는 통제관리, 회계작업 활동, 문서기록 및 관리, 보고서 작성 등의 업무를 좋아함.

○ 인생 목표와 가치

- 진취형과 동일하게 경제적인 보상에 가치를 두지만 순응적이고 지시에 따라 행동함으로써 성과를 내는 것을 중요시 여김.
- 비교적 폐쇄적인 가치체계를 갖고 있으며 상상력을 요하는 일이나 예술 활동, 대인능력을 요하는 일들에는 별로 가치를 두고 있지 않음.

○ 자기에 대한 신념

- 성실하고, 꼼꼼하며 주어진 일을 묵묵히 잘 수행한다고 생각함.
- 스스로를 보수적이며 안정적이고 자신을 잘 통제하며 신뢰할 수 있다고 여김.
- 인내심이 있고 효율성과 정확성을 요구하는 일에 자신을 보임.

표 6-1 Holland 흥미유형별 특징

구분	현실형(R)	탐구형(I)	예술형(A)	사회형(S)	진취형(E)	사무형(C)
성격	실질적인, 겸손한, 실용적인, 독단적인, 소박한, 단순한	분석적, 이지적, 현학적, 개방적, 광범위한 호기심	상상력이 풍부한, 직관적, 감수성이 예민한, 자유분방, 개방적, 독창적	명랑함, 친절함, 이해심 있음, 사교적, 설득적, 외향적	지배적, 모험적, 야심적, 권력 지향적, 경쟁적, 외향적, 열정적	순응적, 보수적, 실용적, 상상력이 풍부하지 못함, 변화를 싫어함, 안정 추구
자기 평가	실용적이고 보수적이며 손재주와 기계적 소질이 있으나 사교적 재능이 부족함	분석적이고 지적이며 회의적이고 학술적 재능이 있으나 대인관계 기술이 부족함	경험에 대해 개방적이며 혁신적이고 지적이지만 사무적 재능이 부족함	동정적이고 참을성이 있으며 대인관계적 소질이 있으나 기계적 능력이 부족함	영업능력과 설득력을 갖고 있으나 과학적 재능이 부족함	사업과 생산에 기술적 능력을 갖고 있으나 예술적 재능이 부족함
선호직업 활동	기계, 도구, 사물의 조작	자연현상과 사회현상을 탐구, 이해, 예측, 통제	문학, 음악, 미술활동	개인적 교류를 통해서 타인을 도와주고 가르치고 상담해 주고 봉사하는 활동과 직업	타인을 설득하고 부리며 지시하는 활동	관례를 정하고 유지하며 기준을 적용하는 활동
적성	기계적 능력	학구적 능력	예술적 능력	사회적 · 교육적 능력, 지도력, 영업 능력, 대인관계 능력	지도력, 영업능력, 사회적 · 사무적 능력, 대인관계적 능력	사업적 · 사무적 능력
생의 목표	눈에 보이는 성취에 대한 물질적 보상	지식의 개발과 습득	지식의 개발과 습득	타인의 복지와 사회적 서비스를 중시함	물질적 성취와 사회적 지위	물실석 · 금전직 성취와 사회, 사업, 정치영역에서의 권력
회피 활동	타인과의 교류	설득 혹은 영업활동	반복적인 과업과 관례의 순응	기계 및 기능적 활동	과학적, 지적, 추상적 주제	모호하거나 비구조적 과업

자료: 문윤경, 오현주, 김미경(2012). 디딤돌과 버팀목.

3. 흥미검사 결과의 이해

Halland의 이론을 기반으로한 다양한 흥미검사가 있지만 일반인들이 편리하게 사용할 수 있는 검사는 워크넷(www.work.go.kr)의 직업선호도검사이다. 직업선호도검사는 개인의 흥미코드를 산출하여 적합 직업 분야를 예측하고 직업에 대한 정보를 제공함으로써 개인의 직무수행을 잘 예측하는 특성이 있다.

1) 흥미코드의 이해 및 검사 점수의 해석

직업선호도검사 결과에서는 Holland의 6가지 흥미유형을 이해하고 개인의 두 자리 흥미코드를 해석할 수 있다. 직업선호도검사는 개인의 6가지 흥미유형 점수를 원점수로 산출한 뒤 높은 점수의 순서대로 두 자리 코드를 제시한다. 이때 주의할 것은 6가지 흥미유형별 표준점수도 제시되나 흥미유형의 해석에 차이가 있으므로 원점수와 표준점수로 산출되는 흥미유형을 정확히 이해하여야 한다. 원점수는 개인 내적인 흥미를 탐색할 수 있으며 개인적으로 높은 흥미유형을 탐색할 수 있으며, 표준점수는 다른 사람과 비교한 흥미유형 탐색할 때 사용하면 특이한 흥미코드의 해석을 제외하고는 검사결과의 보조적 해석자료로 활용한다.

2) 흥미코드의 일관성

흥미코드의 일관성은 6가지 유형들 중 공통점을 가지고 있는 유형의 조합으로 흥미와 환경 간의 관련 정도를 나타내며 정육각 모형상의 두 유형 간의 근접성에 따라 설명할 수 있다. 이와 같이 흥미코드 두 자리는 위험성은 개인 흥미가 얼마나 안정적인지를 나타내 준다. 따라서 흥미코드 해석 시 두 자리 흥미코드가 서로 어떤 관계에 놓여있는 지를 파악하여 흥미코드의 일관성 정도를 설명할 수 있어야 개인의 흥미와 직업환경간의 갈등을 예측할 수 있다. 일반적으로 흥미육각형 모형에서 인접한 위치에 있는 코드끼리 유사한 특성을 갖으며, 흥미유형 간 일관도는 다음과 같이 해석될 수 있다.

표 6-2 흥미코드의 일관성

일관성 수준	흥미코드 유형
높은 수준	RI, RC, IR, IA, AI, AS, SA, SE, ES, EC, CE, CR
중간 수준	RA, RE, IS, IC, AR, AE, SI, SC, EA, ER, CS, CI
낮은 수준	RE, IE, AC, SR, EI, CA

3) 흥미코드의 변별성

흥미코드의 변별성은 한 개의 유형에는 유사성이 많이 나타나지만 다른 유형에는 별로 유사성이 나타나지 않는 정도를 의미하는 것으로 직업흥미 특성이 얼마나 뚜렷하게 나타나는가를 의미한다. 두 자리 흥미코드는 다른 흥미코드와 어느 정도의 점수 차이가 나는지에 따라 해당 코드로의 특성을 얼마나 강하게 갖고 있는지를 해석할 수 있다.

A. 비교적 성숙이 잘된 사람 – 흥미육각형이 한 쪽으로 찌그러짐

- 현재의 행동양식과 사고과정을 통찰할 수 있음
- 다양한 대안들에 대해서 효과적으로 선택의 폭을 좁힐 수 있음
- 생각해 볼 수 있는 생애/진로의 대안을 탐색해 보는 것이 필요함
- 개인의 자원과 능력을 탐색해보아야 함
- 필요한 사람, 훈련, 교육 등에 어떤 것들이 있는지 확인할 수 있음
- 자기만족과 생애만족을 고양시킬 수 있음

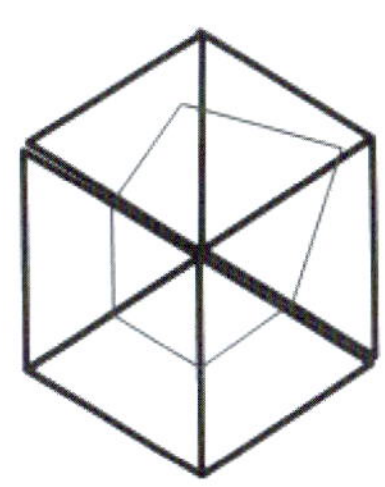

A형

B. 흥미가 없거나 낮은 사람 – 흥미육각형이 매우 작음

- 자신과 직업, 일에 대한 정보가 결여되어 있고 무관심하며 낮은 자아존중감을 갖고 있음. 근본적인 정서문제가 있다면 진로상담 전에 미리 이를 다룰 수 있도록 함
- 자기탐색으로 내담자의 한 주간 생활에 대해 써보게 하여 내담자 행동 분석
- 흥미확인을 위해 30 혹은 50개 직업목록을 작성하게 함
- 일과 관련된 직접적인 경험을 하게 함

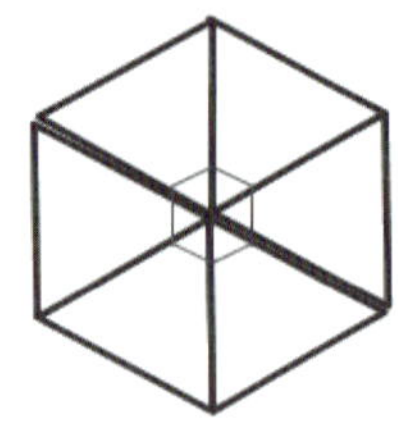

B형

C. 비현실적 소망을 지닌 사람 – 흥미육각형이 양극단으로 뾰족함

- 잘못된 자아인식으로 너무 원대하거나 너무 낮은 소망을 갖음
- 현실적인 직업선택을 할 수 있도록 고려해야 함
- 비현실적인 소망에 대한 비판보다는 자신의 강점과 약점을 이해가 필요함
- 자신의 능력을 올바르게 이해할 수 있도록 적성검사 등을 실시할 필요있음

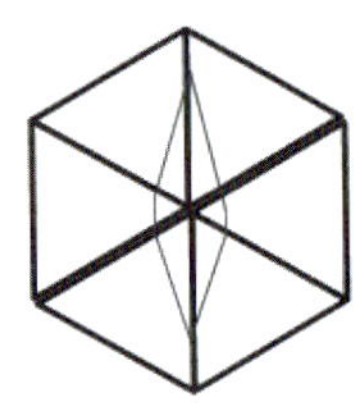

c형

D. 다양한 잠재력을 지닌 사람 – 흥미육각형이 매우 큼

- 과다선택에 직면해 있으며, 우유부단한 의사결정 특성을 보일 수 있음
- 자신의 관심을 확인하고 그에 따른 정보수집을 해야 함
- 직업가치관을 측정하고 원시안적 계획이 필요함
- 여러가지 관심이나 재능을 여가활동, 공공봉사 등에 활용해 볼 수 있도록 노력

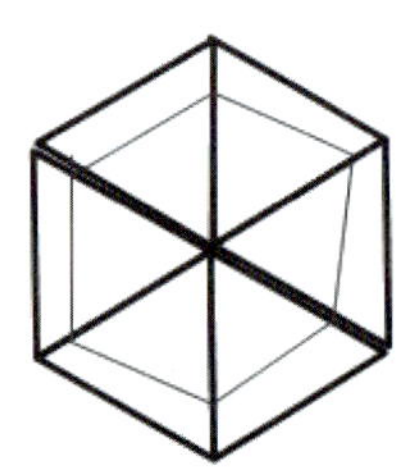

D형

4) 흥미코드의 활용성

흥미코드는 전형적인 흥미분야 탐색뿐만아니라 진로확장, 진로문제와

진로갈등을 예측하는 것으로 활용될 수 있다. 우선 흥미코드 두 자리를 적용한 전공별 세부진출분야를 탐색할 수 있으며, 자신의 흥미와 환경요인 간의 적합성을 확인해 보면서 확장된 진로대안을 탐색해 볼 수 있다. 또한 전공에 불만족 요인과 갈등요소에 대한 문제점을 탐색하고 복수전공이나 융합전공 등 대안적 전공탐색에도 도움을 줄 수 있다. 예를 들어, 경영학과에 재학 중인 흥미코드 CS형의 학생의 경우는 경영학과의 세부진출 분야 중에서 영업, 마케팅보다는 재무회계 분야나 총무 분야에 흥미 적합성을 나타낸다고 볼 수 있다.

또한 전공에 대한 불만족 요인이 있는 사람의 경우에는 흥미코드에 두 자리를 확장해가며(세 번째도 높은 흥미코드 탐색, 첫 번째 코드와 두 번째 흥미코드의 자리 변경) 타전공을 모색하는 것도 진로문제를 해결할 수 있는 방법이다.

활동 1

나는 좋아합니다!

과연 나는 어떤 것에 흥미가 있나?
이제까지 살아오면서 특정 활동이나 사물에 대해 지속적인 관심을 갖고 있었고,
그것만 생각하면 가슴이 설레고,
나도 모르게 그쪽을 향하게 되고, 하게 되는 무엇!
직업 만족에 있어 중요한 요인이 되는 흥미!

내가 흥미 있어 하는 사물이나 활동 등에 대해 떠올려 봅시다.

◎ 나는 ____________________ 을 좋아합니다.

◎ 나는 ____________________ 을 좋아합니다.

◎ 나는 ____________________ 을 좋아합니다.

◎ 나는 ____________________ 을 좋아합니다.

◎ 나는 ____________________ 을 좋아합니다.

자료: 문윤경, 오현주, 김미경(2012). 디딤돌과 버팀목.

활동 2

나의 흥미를 찾아서

나의 일상생활과 과거를 되돌아보며, 내가 관심 갖고 있는 활동에 대하여 차분히 생각해 봅시다.

1. 내가 좋아하는 과목은? 그 과목을 좋아하는 이유는 무엇일까?

____

____

2. 내가 시간가는 줄도 모르고 몰입하는 활동은? 그 이유는 무엇일까?

____

____

3. 주변의 상황을 고려하지 않고 내가 한번쯤 해보고 싶은 취미활동은? 그 이유는 무엇일까?

____

____

4. 실패하지 않는다는 가정하에 내가 한번 해보고 싶은 일은? 그 이유는 무엇일까?

____

____

5. 가족을 제외하고 내가 좋아하거나 존경하는 사람은? 그 이유는 무엇일까?

____

____

활동 3

나의 흥미 진단하기

각각의 질문에 대해 자신이 좋아하는 것과 잘하는 것의 정도를 번호로 선택하세요.

[01] 현실형

좋아한다	분야	잘한다
⓪ ① ② ③	자동차 분야에 관련된 일	⓪ ① ② ③
⓪ ① ② ③	운동하거나 몸을 움직이는 일	⓪ ① ② ③
⓪ ① ② ③	동물을 돌보는 일	⓪ ① ② ③
⓪ ① ② ③	모델을 조립하거나 만드는 일	⓪ ① ② ③
⓪ ① ② ③	컴퓨터나 기계를 다루는 일	⓪ ① ② ③
⓪ ① ② ③	실외에서 하는 일	⓪ ① ② ③
소계 : 점		소계 : 점

[02] 탐구형

좋아한다	분야	잘한다
⓪ ① ② ③	퍼즐 맞추기	⓪ ① ② ③
⓪ ① ② ③	실험하기	⓪ ① ② ③
⓪ ① ② ③	과학과 관련된 연구하는 일	⓪ ① ② ③
⓪ ① ② ③	수학 문제 푸는 일	⓪ ① ② ③
⓪ ① ② ③	관찰, 발견하는 일	⓪ ① ② ③
⓪ ① ② ③	문제, 상황, 경향 등을 분석하는 일	⓪ ① ② ③
소계 : 점		소계 : 점

[03] 예술형

좋아한다	분야	잘한다
⓪ ① ② ③	독립적으로 일하는 것	⓪ ① ② ③
⓪ ① ② ③	예술에 대한 책을 읽는 것	⓪ ① ② ③
⓪ ① ② ③	창조적으로 일하기	⓪ ① ② ③
⓪ ① ② ③	그림 그리기	⓪ ① ② ③
⓪ ① ② ③	악기를 연주하거나 노래하는 일	⓪ ① ② ③
⓪ ① ② ③	글 창작하기	⓪ ① ② ③
소계 : 점		소계 : 점

[04] 사회형

좋아한다	분야	잘한다
⓪ ① ② ③	사람들을 가르치거나 교육하는 것	⓪ ① ② ③
⓪ ① ② ③	다른 사람의 문제해결을 돕는 것	⓪ ① ② ③
⓪ ① ② ③	팀을 만들어 함께 일하는 것	⓪ ① ② ③
⓪ ① ② ③	사람들을 편안하고 즐겁게 해주는 일	⓪ ① ② ③
⓪ ① ② ③	사람들을 돕는 일	⓪ ① ② ③
⓪ ① ② ③	사람들을 위로하는 일	⓪ ① ② ③
소계 : 점		소계 : 점

[05] 진취형

좋아한다	분야	잘한다
⓪ ① ② ③	자신의 목표를 세우는 것	⓪ ① ② ③
⓪ ① ② ③	사람들을 설득하거나 영향을 주는 것	⓪ ① ② ③
⓪ ① ② ③	물건을 파는 일	⓪ ① ② ③
⓪ ① ② ③	새로운 책임을 맡는 것	⓪ ① ② ③
⓪ ① ② ③	연설하기	⓪ ① ② ③
⓪ ① ② ③	지도자가 되는 것	⓪ ① ② ③
소계 : 점		소계 : 짐

[06] 관습형

좋아한다	분야	잘한다
⓪ ① ② ③	파일을 작성하거나 타이핑을 하는 일	⓪ ① ② ③
⓪ ① ② ③	서류, 사무실 등을 정리하는 것	⓪ ① ② ③
⓪ ① ② ③	하루생활을 짜임새 있게 계획하기	⓪ ① ② ③
⓪ ① ② ③	명확한 지시사항이 있는 일하기	⓪ ① ② ③
⓪ ① ② ③	숫자나 차트를 이용하는 일	⓪ ① ② ③
⓪ ① ② ③	사무실 안에서 일하는 것	⓪ ① ② ③
소계 : 점		소계 : 점

나의 흥미와 알아보기

각 영역별로 점수를 합하여 아래의 그래프를 완성해 봅시다.

15점

10점

5점

좋아함	잘함	좋아함	잘함	좋아함	잘함	좋아함	잘함	좋아함	잘함	좋아함	잘함
[01] 현실형		[02] 탐구형		[03] 예술형		[04] 사회형		[05] 진취형		[06] 관습형	

1. 좋아함의 점수가 가장 높은 흥미코드 3개를 작성해주세요.

나의 흥미유형? ____________형(점), ______형(점), ______형(점)

2. 잘함의 점수가 가장 높은 3개를 작성해주세요.

나의 적성유형? ____________형(점), ______형(점), ______형(점)

활동 4

나의 흥미와 진로

직업선호도 검사 결과를 가지고 아래의 내용을 정리해 해봅시다.

1. 내 유형에 대한 설명 중, 특히 나에게 잘 맞는 단어나 표현어구들은 무엇인가요?

2. 내 흥미유형을 고려해 볼 때, 자신의 전공과의 적합도는 100점 중 몇점일까요? 80점 이하이며 그 이유는 무엇일까요?

3. 내 흥미유형을 고려하였을 때 복수전공, 부전공을 선택한다면 어떤 전공이 적합할까요?

4. 나의 흥미에 적합한 직업은?

나의 흥미유형에 적합한 직업

★ 이중, 관심이 있는 직업 우선순위

①

②

③

④

5. 나의 흥미를 더 발전시켜 앞으로의 취업이나 경력에 연관시킬 수 있는 방안은 무엇일까?

자료: 문윤경, 오현주, 김미경(2012). 디딤돌과 버팀목.

단원평가

문제 1. 흥미의 개념과 흥미검사의 활용방안은 무엇일까요?

문제 2. 홀랜드의 흥미검사 중, 현실형의 대표 직업이 아닌 것은? (   )

① 군인 ② 엔지니어 ③ 유치원교사 ④ 운동선수 ⑤ 경찰관

정답

문제 1. 흥미는 어떤 사람, 사물, 활동 동에 대해 지속적 일관적으로 관심을 갖는 개인의 마음의 특성이다. 흥미는 직업의 만족감과 밀접한 영향을 미치는 것으로 흥미검사 결과를 통해서 자신의 만족감 얻을 수 있는 직업분야를 탐색할 수 있다.

문제 2. 3번

(설명)

문제 1. 흥미는 개인의 마음 특성으로 어떠한 사람, 사물, 활동 동에 대해 지속적 일관적으로 관심을 갖는 것을 의미한다. 흥미는 직업의 만족감과 행복감에 영향을 미치는 것으로 흥미검사 결과를 통해서 자신의 만족감 얻을 수 있는 직업분야를 탐색할 수 있다

문제 2. 홀랜드 흥미코드는 현실형, 탐구형, 예술형, 사회형, 진취형, 관습형으로 구분되면 각각 흥미유형별로 다른 특성을 나타낸다.

참고문헌

문윤경, 오현주, 김미경(2012). 디딤돌과 버팀목.
문윤경, 한미희, 심태은(2013). 진로설계와 리더십, 경기: 북코리아.
http://blog.naver.com/kimgbrf

CHAPTER 07

나의 딜레마 '성격'

학 | 습 | 개 | 요

- MBTI는 성격유형검사로서 전 세계에서 가장 많이 사용되는 심리검사 중의 하나이다. 외향(E)– 내향(I)은 '에너지의 방향은 어느 쪽인가?'에 따른 지표이며, 감각(S)–직관(N)은 '무엇을 인식하는가?', 사고(T) – 감정(F)은 '어떻게 결정하는가?', 판단(J) – 인식(P)은 '채택하는 생활방식은 무엇인가?'에 따른 지표이다.
- 16가지 성격유형에 따른 진로분야와 직업을 기술하였다.
- 이 단원에서는 MBTI의 4가지 선호경향을 알고, 자신의 성격유형에 따른 그룹활동에 참여하며, 자신의 성격에 적합한 진로분야와 직업을 찾아보고자 한다.

학 | 습 | 목 | 표

1. MBTI의 4가지 선호경향에 따른 지표를 이해한다.
2. 16가지 성격유형 중 자신의 성격유형을 알고 그룹 활동에 참여한다.
3. 성격유형에 따른 직업(진로)의 종류를 이해한다.

읽을거리

다양성이 능력을 이긴다(diversity trumps ability)

어쩌면 지식의 발전은 생각이 부족한 사람들과 무지한 사람들을 지속적으로 유입하는 데 달려 있는지도 모른다. 반드시 적절한 교육을 받은 사람들만 경쟁에서 승리하는 건 아니다. 미국 조직이론가 제임스 마치(James March, 1928~)의 말이다. 미국 저널리스트 제임스 서로위키(James Surowiecki)는 『대중의 지혜(The Wisdom of Crowds)』라는 책에서 마치의 주장에 기대어 다양성의 장점을 다음과 같이 역설했다.

"너무 유사한 집단은 새로운 정보를 논의하지 않기 때문에 새로운 것을 배우기 어렵다. 동질적인 집단은 구성원들이 잘하는 일에는 뛰어나지만, 대안을 탐색하는 능력은 점차 떨어지게 된다. 그런 그룹은 구성원들이 갖고 있는 것을 활용하는 데 너무 시간을 많이 쓰는 반면 다른 것을 탐색하는 데는 충분히 시간을 쏟지 않는다. 비록 경험이 부족하고 덜 유능한 사람이라 하더라도 새 구성원을 조직에 포함시키면 조직이 더 현명해질 수 있다."

하버드 비즈니스 스쿨 졸업생들은 지독한 실패작이다. 미국은 세계에서 가장 다양성이 강한 나라인데도 하버드 비즈니스 스쿨은 엘리트주의적이고 동질적인 미국을 대변하고 있기 때문이다). 이상은 1980년대 말 피터 드러커가 다양성의 가치를 강조하면서 한 말이다. 각기 다르면서도 최상의 조화를 이루는 심포니 오케스트라가 가장 이상적인 조직 모델인 데 반해, 하버드 비즈니스 스쿨은 학생들의 출신 배경에서부터 스쿨의 의식·행태에 이르기까지 너무 획일적이라는 것이다. 2009년 3월 블룸버그통신은 아이비리그 MBA 출신들의 너무 니없는 자신감이 최악의 금융위기를 키웠다고 지적했다.

기술자이자 기업인이면서 음악가인 스콧 페이지(Scott Page)는 『차이(The Difference)』(2007)에서 온라인과 오프라인 모두에서 "다양성이 능력을 이긴다(diversity trumps ability)"며 다음과 같이 말한다. "최고의 문제 해결자들에게는 비슷한 성향이 있다. 따라서 그들이 집단으로 모여 있을 때나 문제 해결 능력에서는 거의 차이가 나지 않는다. 하지만 무작위로 모아놓았을 때 문제 해결자 집단은 다양한 성향을 띠게 된다. 이런 다양성은 그들을 집단적으로 더 뛰어나게 만들어준다."

자료: 강준만(2015). 재미있는 영어 인문학 이야기 3. 서울: 인물과 사상사.

생각해보기

1. 나의 성격의 장점(강점)은 무엇인가?
2. 내가 생각하기에 다양성은 조직의 목표달성을 위한 장점인가, 아니면 조직의 발전을 가로막는 장애물인가?

1. MBTI에 대하여

MBTI는 Myers-Briggs Type Indicator의 머리글자를 딴 것으로 Jung의 성격유형 이론을 근거로 Catharine C. Briggs와 그의 딸 Isabel Briggs Myers, 그리고 손자인 Peter Myers에 이르기까지 무려 3대에 걸쳐 계속적으로 연구 개발한 인간 이해를 위한 성격유형검사이다.

2. MBTI 성격유형검사

다양한 버전의 검사가 있으나 여기서는 박혜남(2010)이 제시한 설명을 근거로 간략형을 사용하기로 한다.

36개 단어쌍 중에 너무 깊게 생각하지 말고 자신이 좋아하는 말, 끌리는 단어에 체크한다(10분).

	A	B		A	B
1	사람	장소	19	쓰다	말하다
2	조직	자유	20	냉정하다	따뜻하다
3	숲	나무	21	도시	숲
4	자비	정의	22	지배인	기업가
5	생각	행동	23	느긋하다	조급하다
6	조직적(짜여진)	융통적(느슨한)	24	진실	재치
7	넓다	깊다	25	생산	디자인
8	호기심	과단성	26	질서	조화
9	사실	가능성	27	걷다	뛰다
10	머리	가슴	28	가치	논리
11	관찰력	상상력	29	통찰력	감각
12	열정	일관성	30	공평	친절
13	노는 모임	도서관	31	변화하다	보존하다
14	계획적	즉흥적	32	시작하다	끝내다
15	이론적	실제적	33	거북이	토끼
16	질문	대답	34	관계중심적	분석적
17	개인적(사적)	공동체적(공적)	35	토론하다	생각하다
18	일	놀이	36	과정	결과

채점 방법

1. A, B 중 자기가 선택한 것을 채점표에 표시한다.
2. 수직으로(E, I, S, N)표시한 답변수를 세어 밑에 표시한다.
3. 수직으로 2개씩, 4가지로 배열이 되어 있음을 명심한다. 즉 E/I, S/N, T/F, J/P로 되어 있다. 각 그룹에서 표시가 더 많이 된 철자를 맨 밑에 기록한다. 예를 들어, E가 5이고, I가 8이라면 첫째 칸에는 I라고 쓴다.
4. 마지막으로 4개의 문자가 나오면 그것이 자신의 성격유형 코드이다.

홀수	E	I	S	N	짝수	T	F	J	P
1	A	B			2			A	B
3			B	A	4	B	A		
5	B	A			6			A	B
7	A	B			8			B	A
9			A	B	10	A	B		
11			A	B	12	B	A		
13	A	B			14			A	B
15			B	A	16			B	A
17	B	A			18			A	B
19	B	A			20	A	B		
21	A	B			22			A	B
23			A	B	24	A	B		
25			A	B	26	A	B		
27	B	A			28	B	A		
29			B	A	30	A	B		
31			B	A	32			B	A
33			A	B	34	B	A		
35	A	B			36			B	A
합계	(E:)	(I:)	(S:)	(N;)	합계	(T:)	(F:)	(J:)	(P:)
성격 유형					성격 유형				

3. MBTI 4가지 선호지표

지표	선호경향	주요활동
외향(E) – 내향(I)	에너지의 방향은 어느 쪽인가?	주의초점
감각(S) – 직관(N)	무엇을 인식하는가?	인식기능
사고(T) – 감정(F)	어떻게 결정하는가?	판단기능
판단(J) – 인식(P)	채택하는 생활양식은 무엇인가?	생활양식

1) 내향 I(Introversion, Intraversion) - 외향 E(Extroversion)(심혜숙 외, 1999)

성격유형	특징	관련 직업
외향(E)	• 에너지가 대부분 외부 사람과 사건 쪽으로 향한다. • 다양한 활동을 선호하며 장시간 집중을 요할 때 어려워할 수 있다. • 활동을 통한 문제해결을 지향하는 그룹을 선호한다. • 사무실 외에서의 다양한 업무와 사람들과의 직접적인 접촉이 빈번한 업종을 좋아한다.	사업, 판매, 마케팅, 공공기관 업무, 홍보, 판촉 등 사람들과 상호작용과 활동을 요하는 직업을 선호한다.
내향(I)	• 에너지가 자신의 내면의 생각 쪽으로 향한다. • 장시간 집중할 수 있으며, 깊이를 요하는 한 가지 일에 초점을 맞추는 것을 선호한다. • 다양한 활동을 동시에 하는 것을 선호하지 않는다. • 개념의 틀을 구축하는 문제해결 과정을 선호한다. • 지속성과 집중력을 요하고 사람들과 일대일의 접촉을 요하는 직종을 선호한다.	교직, 교수, 과학, 연구, 도서, 컴퓨터, 엔지니어링, 전기 등 아이디어가 요구되는 직업을 선호한다.

2) 감각 S(Sensing) - 직관 N(iNtuition)

성격유형	특징	관련 직업
감각(S)	• 사실적, 세부적인 것을 잘 보고 현실감이 있으며 실제적이다. • 미래보다는 현재에 초점을 더 맞춘다. • 일상적이고 정확성을 논하는 일에 인내롭고 조심성이 있으며 숙련된 기술을 선호한다. • 실제 적용이 가능한 교육을 선호한다. • 직접적인 훈련을 선호한다.	생산, 관리, 비즈니스, 건축, 사무, 회계, 간호, 경찰, 군인 등 현실문제를 다루는 직접적인 활동을 요하는 직업을 선호한다.
직관(N)	• 전체를 보며 통찰력과 상상력을 발휘한다. • 현재보다는 미래에 더 초점을 맞춘다. • 손 끝에 잡히지 않는 가능성을 추구해 들어가는 프로젝트를 해내는데 인내롭고, 새로운 방식의 일 처리를 선호한다.	의사소통, 상담, 저널리스트, 교직, 작가, 법률, 연구, 종교, 예술, 과학 등 장기간 계획과 발달을 요하는 직업을 선호한다.

3) 사고 T(Thinking) - 감정 F(Feeling)

성격유형	특징	관련 직업
사고(T)	• 논리적 사고를 통하여 경험을 이해하고자 한다. • 결과가 미치는 영향보다는 객관성과 공평성을 우선으로 다룬다. 그러므로 강건하고 솔직하게 보일 수 있다. • 숫자, 아이디어, 혹은 사람을 대상으로 논리적 분석과 객관적 접근을 요하는 교육영역에 관심을 가진다. • 비일관성이나 상황이 지니고 있는 비합리성을 쉽게 간파하고 논평한다.	범죄학, 경찰, 법률, 관리, 컴퓨터, 생산, 기술, 과학, 상업분야의 직업을 선호한다.
감정(F)	• 인간관계 맥락에서 경험을 이해하고자 한다. • 결과에 따른 대가를 지불해야 하는 것을 무시하고서라도 조화와 협동을 추구한다. 그러므로 따뜻하고 이해하는 것처럼 보일 수 있다. • 자연스럽게 타인들이 베푸는 혜택에 감사한다. • 사람들과 직접 참여하고 아이디어를 다루는 의사소통이 요구되는 교육영역에 관심을 가진다.	목회, 인력봉사, 상담, 비서, 의료, 교직, 통신, 연예분야의 직업을 선호한다.

4) 판단 J(Judging) - 인식 P(Perceiving)

성격유형	특징	관련 직업
판단(J)	• 일의 마무리, 예측성, 구조화 그리고 위계와 질서에 가치를 부여한다. • 스케줄과 마감일을 중요하게 생각하고 일을 결정짓고 안정시키는 것을 선호한다. • 반복 일상성을 견디고 때로는 안정성이 주는 여유를 즐긴다.	관리하는 직업을 선호한다. 계획성, 체계, 질서, 마감일 등을 중요하게 다루는 영역의 직업을 선호하며 책임이주어지는 업무를 맡길 좋아한다.
인식(P)	• 마무리 짓기 위하여 조급한 것을 싫어하며, 기대치 않은 상황이 안고 있는 도전과 자발성에 가치를 부여한다. • 마감일을 지키지 못하는 경우도 일어날 수 있으며, 작업이 개방된 채로 있으면서 일어날 수 있는 또 다른 작업전개의 가능성을 선호한다. • 반복 일상성을 참기 어려워하고 재미없어 한다.	문제해결을 요하는 영역의 일을 선호한다. 변화, 유연성, 창의성이 중요하게 다루어지는 영역의 직업을 선호하며 스스로 독립적으로 일할 수 있는 업무를 좋아한다.

4. 16가지 성격유형표

스마트폰을 가진 사람들은 https://www.16personalities.com/ko 사이트를 방문하여 자신의 성격유형을 알아볼 수도 있다.

표 7-1 16가지 성격 유형표

ISTJ 소금형 한번 시작한 일은 끝가지 해내는 성격	ISFJ 권력형 성실하고 온화하며 협조를 잘하는 사람	INFJ 예언자형 사람에 관한 뛰어난 통찰력을 가진 사람	INTJ 과학자형 전체를 조합하여 비전을 제시하는 사람
ISTP 백과사전형 논리적이고 뛰어난 상황 적응력	ISFP 성인군자형 따뜻한 감성을 가지고 있는 겸손한 사람	INFP 잔다르크형 이상적인 세상을 만들어가는 사람들	INFP 아이디어형 비평적인 관점을 가진 뛰어난 전략가
ESTP 활동가형 친구, 운동, 음식 등 다양함을 선호	ESFP 사교형 분위기를 고조시키는 우호적인 성격	ENFP 스파크형 열정적으로 새 관계를 만드는 사람	ENTP 발명가형 풍부한 상상력으로 새로운 것에 도전
ESTJ 사업가형 사무적, 실용적, 현실적인 스타일	ESFJ 친선도모형 친절, 현실감을 바탕으로 타인에게 봉사	ENFJ 언변능숙형 타인의 성장을 도모하고 협동하는 사람	ENTJ 지도자형 비전을 갖고 타인을 활력적으로 인도

5. 성격유형과 진로(직업)(박혜남, 2010)

1) ENFJ

① 커뮤니케이션 분야 - 광고기획자, 홍보전문가, 작가 및 저널리스트, 연예인 및 예술가, 기금 조달자, 직업소개업자, 레크리에이션 지도자, TV연출가, 뉴스 캐스터, 정치인, 마케팅관리자, 편집자, 리포터 및

특파원, 카피라이터, 멀티미디어 연출가

② 상담분야 - 심리학자, 직업상담원, 성직자, 동시통역사, 번역가, 교육심리학자

③ 교육 및 휴먼 서비스 분야 - 교사(미술, 영어), 인문대학 교수, 사서, 사회복지사, 비영리단체 관리자, 특수교육교사, 아동복지 전문가, 노인복지 전문가

④ 보건, 의료분야 - 대체의학 의사, 식이요법사, 영양사, 언어치료사, 작업 치료사

⑤ 비즈니스 및 컨설팅 분야 - 인력개발전문가, 판매교육전문가, 직업소개업자, 여행사 지원, 중소기업 임원, 영업관리자, 경영 컨설턴트, 호텔 및 레스토랑 매니저, 전자출판 전문가, 기업 및 교육 전문가, 생태관광 전문가

2) INFJ

① 상담 및 교육 분야 - 직업 상담원, 임상 심리학자, 교사(영어, 미술, 음악, 사회과학, 연극), 교육 컨설턴트, 도서관 사서, 특수요육 교사, 조기교육 교사, 아동복지 상담원, 약물중독 상담원, 사회복지사, 작업치료사

② 종교분야 - 사제, 목사, 승려, 수녀, 종교사업가, 종교 교육 전문가

③ 크리에이티브 분야 - 예술가, 극작가, 소설가, 시인, 인테리어 디자이너, 정보 그래픽 디자이너, 만능 디자인 건축가, 매체 기획자, 편집자, 아트 디렉터, 전자출판 전문가, 교육용 소프트웨어 개발자

④ 보건치료 및 사회복지 분야 - 의료기관 행정가, 사회복지 단체 책임자, 중재자, 조정자, 사회과학자, 사회복지사, 정신 건강 상담원, 식이요법사, 영양사, 언어치료사, 대체의학 박사, 스포츠 마사지사

⑤ 비즈니스 분야 - 인사관리자, 마케팅 담당자, 고용인 지원 상담원, 직무 분석가, 고객 판매 책임자, 상품기획자, 환경 전문 변호사, 동시통역사 및 번역가

3) ENFP

① 크리에이티브 분야 - 저널리스트, 시나리오작가, 극작가, 칼럼니스트, 성격배우, 음악가, 작곡가, 뉴스 캐스터, 실내 장식가, 만화가, 예술가, 리포터, 편집자, 정보 그래픽 디자이너, 전자출판 전문가, TV 연출가

② 마케팅 및 기획분야 - 홍보전문가, 마케팅 컨설턴트, 광고기획자, 카피라이터, 광고회사 크리에이티브 책임자, 전략 기획자, 홍보원, 연구보조원, 아트 디렉터

③ 교육 및 상담분야 - 특수교육 교사, 조기교육 교사, 교사(미술, 연극, 음악, 영어), 아동 복지 상담원, 약물중독상담원, 사회복지사, 개발책임자, 직업상담원, 옴부즈맨, 목회 상담원, 재활 사업가, 사회과학자, 임상 심리학자

④ 보건 의료 및 사회복지 분야 - 영양사, 언어치료사, 대체 의학 박사, 스포츠 마사지사, 고용인 지원, 물리 치료사, 법률 중재자, 지압사

⑤ 비즈니스 분야 - 컨설턴트, 발명가, 세일즈맨, 인사 관리자, 인력개발 전문가, 회의 기획자, 고용개발전문가, 식당주인, 경영 컨설턴트, 상품 기획자, 기업 및 교육 전문가, 광고기획자, 홍보전문가, 마케팅 관리자, 환경전문 변호사

4) INFP

① 크리에이티브 분야 - 미술가, 소설가, 시인, 저널리스트, 연예인, 건축가, 배우, 음악가, 편집자, 정보 그래픽 디자이너, 아트 디렉터

② 교육 및 상담분야 - 대학교수(인문과학, 예술분야), 연구원, 임상 심리학자, 카운슬러, 사회복지사, 도서관 사서, 교육 컨설턴트, 특수교육 교사, 조기교육 교사, 고용인 지원 상담원, 약물중독상담원, 법률 중재자

③ 종교분야 - 목사, 성직자, 종교 교육자, 전도사, 교회 직원

④ 보건 의료 분야 - 식이요법사, 영양사, 물리치료사, 가정보건 사회복지사, 작업치료사, 언어 치료사, 스포츠 마사지사, 대체의학 박사

⑤ 비즈니스 분야 - 고용 전문가, 인력자원 전문가, 사회과학자, 컨설턴트, 재취업알선 컨설턴트, 노사관계 전문가

5) ENTJ

① 크리에이티브 분야 - 경영자, 기업 임원, 오피스 매니저, 인사담당이사, 세일즈 매니저, 마케팅 매니저, 네트워크 통합 전문가, 기술 고문, 신규사업 개발자, 물류관리 컨설턴트, 경영 컨설턴트, 마케팅 관리자, 매체 기획자, 국제 세일즈 및 마케팅 담당자, 프랜차이즈 경영자, 제약판매 책임자, 보건의료 행정가

② 금융분야 - 개인 투자 상담가, 경제 분석가, 신용조사원, 주식 중개인, 증권 인수업자, 기업 재정 변호사, 국제 금융인, 경제학자

③ 상담 및 트레이너 분야 - 비즈니스 컨설턴트, 교육 컨설턴트, 프로그램 디자이너, 경영 트레이너, 고용 개발 전문가, 노사 관계 전문가, 텔레커뮤니케이션 보안 컨설턴트, 팀 교육 전문가

④ 전문직 분야 - 변호사, 판사, 심리학자, 화학 엔지니어, 지적 재산권 변호사, 생의학 엔지니어, 정신과 의사, 환경 기사

6) INTJ

① 비즈니스 및 금융 분야 - 텔레커뮤니케이션 보안원, 경영 컨설턴트, 경제학자, 국제 금융인, 제약회사 연구원, 투자 상담가, 증권 인수업자

② 기술 분야 - 과학자, 컴퓨터 시스템 분석가, 기술자, 디자인 엔지니어, 천문학자, 컴퓨터 프로그래머, 환경 기획자, 생의학 연구원, 운영 조사 분석가, 정보서비스 개발, 소프트웨어 및 시스템 연구와 개발, 네트워크 통합 전문가

③ 교육 분야 - 교사, 커리큘럼 설계자, 행정가, 수학자

④ 보건 의료 분야 - 정신과 의사, 임상 심리학자, 신경과 의사, 심장 전문의, 약리학자, 생의학 연구원

⑤ 전문직 분야 - 변호사, 전략기획자, 투자 및 경영 분석가, 관리자, 판사, 뉴스 분석가, 자유기고가, 엔지니어, 지적 재산권 변호인, 토목기사

⑥ 크리에이티브 분야 - 작가, 논설위원, 예술가, 발명가, 디자이너, 건축가, 정보그래픽 디자이너, 매체 기획자, 편집자, 아트 디렉터

7) ENTP

① 정치분야 - 정치인, 정치 분석가, 사회 과학자

② 기획 및 개발 분야 - 전략 기획자, 인사 시스템 개발자, 부동산 중개인, 특수 프로젝트 개발자, 컴퓨터 분석가, 산업디자인 관리자, 물류관리 컨설턴트, 네트워크 통합 전문가, 재정 상담가, 도시 계획자, 투자 은행가

③ 마케팅 밑 크리에이티브 분야 - 광고기획자, 홍보 전문가, 마케팅 조사원, 기획자, 스포츠 마케팅, 토크쇼 사회자, 프로듀서, 아트 디렉터, 국제 마케팅, 정보그래픽 디자이너, 신규사업 개발자, 전자출판 전문가, 인터넷 마케팅 담당자, 카피라이터, 칼럼니스트

④ 기업가 및 비즈니스 분야 - 기업가, 발명가, 경영 컨설턴트, 벤처 사업가, 저작권 대행업자, 사진작가, 언론인, 식당이나 방의 경영인, 배우, 재취업 컨설턴트

8) INTP

① 컴퓨터 및 기술 개발 분야 - 컴퓨터 소프트웨어 디자이너, 컴퓨터 프로그래머, 연구 및 개발 전문가, 시스템 분석가, 데이터베이스 관리자, 전략 기획자, 정보서비스 개발자, 신규사업 개발자, 네트워크 통합 전문가, 경영 컨설턴트, 재정 상담가, 투자 은행가

② 보건 의료 및 기술 분야 - 신경과 의사, 물리학자, 성형외과 의사, 약

사, 과학자, 제약회사 연구원, 생의학 엔지니어, 수의사

③ 전문직 및 비즈니스 분야 - 예술가, 극작가, 소설가, 시인, 인테리어 디자이너, 만능 디자인 건축가, 매체 기획자, 편집자, 아트 디렉터, 족보 전문가, 전자출판 전문가, 멀티미디어 연출가, 세트 디자이너, 교육용 소프트웨어 개발자

④ 학문분야 - 수학자, 고고학자, 역사학자, 철학자, 대학 교수, 연구원, 행정가, 경제학자, 동시통역사 및 번역가

⑤ 크리에이티브 분야 - 사진작가, 예술가, 연예인, 무용수, 음악가, 발명가, 정보그래픽 디자이너, 무대 감독

9) ESTJ

① 판매 및 서비스 분야 - 보험 모집인, 세일즈맨, 장의사, 요리사, 군장교, 공무원, 경비원, 스포츠 상품 및 장비 판매원, 약품 판매원, 텔레커뮤니케이션 보안원, 경찰, 보호 감찰관, 교도관, 레크리에이션 지도자

② 기술 및 노동 분야 - 엔지니어, 컴퓨터 분석가, 감사, 농부, 약사, 의료기사, 회계 감사원, 기술 고문원

③ 관리 분야 - 은행원, 프로젝트 관리자, 오피스 매니저, 행정가, 공장 감독, 데이터베이스 관리자, 구매 담당자, 신용 분석가, 예산 분석가, 의료 행정원, 공보관, 경영 컨설턴트, 물류 관리자, 대출 담당자, 신용 분석가, 상담원, 컴퓨터 네트워크 관리자

④ 전문 분야 - 치과의사, 주식 중개인, 판사, 임원, 교사(기술, 상업), 학교 교장, 기업재정변호사, 엔지니어, 약사

10) ISTJ

① 비즈니스 분야 - 감사, 오피스 매니저, 회계사, 관리자, 감독, 워드프로세서 기능사, 능률 전문가, 분석가, 보험 모집인, 물류 관리사 및

공급관리자, 공보관, 공인회계사

② 판매 및 서비스 분야 - 경찰관, 탐정, 국세청 관리원, 공무원, 군인, 교정 시설 근무자, 부동산 중개인, 스포츠 장비 판매원, 상품 판매원, 교도관

③ 금융 분야 - 은행 감독관, 조세 감독관, 주식 중개인, 토지 기획자, 신용 분석가, 예산 분석가

④ 교육 분야 - 학교 교장, 교사(기술, 공업, 수학, 체육), 도서관 사서, 행정가

⑤ 법률 및 기술 분야 - 법률 연구원, 전기 기술자, 엔지니어, 정비사, 컴퓨터 프로그래머, 과학기술분야 저술가, 법률가 보조원, 제약회사 판매원, 연구원, 컴퓨터 기술자, 지질학자, 기상학자, 항공기 정비사, 기계, 공업, 전기 엔지니어, 농업 과학자

⑥ 보건, 의료 분야 - 수의사, 일반의, 치과의, 행정 간호사, 보건, 의료 행정가, 약사, 검사실 기사, 의료 연구원, 생의학 엔지니어, 운동 생리학자, 약사

11) ESFJ

① 보건 의료 분야 - 치과 보조원, 언어치료사, 자족 주치의, 간호사, 치과의사, 식이 요법사, 영양사, 스포츠 마사지사, 검안사, 안경사, 약사, 호흡 치료사, 수의사, 1차 진료 의사, 물리 치료사

② 교육 분야 - 초등학교 교사, 특수교육 교사, 보육사, 강사, 운동 코치

③ 사회 복지 및 상담 분야 - 사회복지사, 전문 자원봉사자, 종교교육자, 상담원, 성직자, 고용인 지원 상담원, 아동복지 상담원, 알코올 중독 상담원, 법률 보조원

④ 크리에이티브 분야 - 홍보 책임자, 판매원, 텔레마케터, 오피스 매니저, 소매점 주인, 경영 컨설턴트, 보험 대리점 운영, 신용 상담원, 상품 기획자

⑤ 판매 및 서비스 분야 - 비행기 승무원, 고객 서비스 대행업, 장례식

장 책임자, 미용사, 메이크업 전문가, 연회 진행자, 기금 조달자, 여행상품 판매, 생태관광 전문가, 부동산 중개인, 마케팅 책임자, 번역가 및 동시 통역사, 가정보건 의료 상품판매, 스포츠 장비 판매원

⑥ 사무 분야 - 비서, 접수계원, 사무기기 조작원, 타이피스트

12) ISFJ

① 보건의료 분야 - 치위생사, 가족 주치의, 간호사, 의료 기사, 물리 치료사, 의료 장비 판매원, 보건 의료 행정원, 식이 요법사, 영양사, 안경사, 진료기록 관리자, 약사, 방사선과 기사, 호흡 치료사, 수의사, 1차 진료의사, 치과 보조원

② 사회 복지 및 교육 분야 - 유치원 교사, 초등학교 교사, 도서관 사서, 문서 보관인, 큐레이터, 교육행정 담당자, 사회복지사, 개인상담원, 종교교육자, 언어치료사, 보호감찰원, 아동복지 상담원, 약물중독 상담원, 특수교육

③ 비즈니스 분야 - 비서, 고객 서비스 대행업자, 인사 행정가, 컴퓨터 조작원, 신용 상담원, 법률 보조원, 가정 의료 상품 판매원

④ 크리에이티브 및 기술 분야 - 실내 장식가, 전기기사, 소매점 주인, 여관 운영자, 예술가, 음악가, 고객 판매 책임자, 상품 기획자, 부동산 중개인

13) ESTP

① 판매, 서비스 및 활동적인 분야 - 경찰관, 소방관, 의료 관련 직업, 형사, 조종사, 조사관, 교도관, 부동산 중개인, 응급 구조원, 호흡 치료사, 비행기 승무원, 스포츠 상품 판매원, 보험사기 조사관, 사립탐정

② 금융분야 - 개인 투자 상담사, 감사, 주식 중개인, 은행원, 투자가, 보험 모집인, 예산 분석가

③ 엔터테인먼트 및 스포츠 분야 - 스포츠 해석자, 기자, 흥행업자, 여행사 직원, 무용수, 바텐더, 경매인, 프로 운동선수, 코치, 건강교실 강사, 트레이너

④ 기술 및 수공업 분야 - 목수, 장인, 농부, 건축 노동자, 요리사, 전기기사, 기술 강사, 물류 관리사, 네트워크 통합 전문가, 토목기사, 공업 및 기계 엔지니어, 측량기사, 방사선 기사, 항공기 정비사

⑤ 비즈니스 분야 - 기업가, 토지 개발업자, 도매상, 소매상, 경영 컨설턴트, 프랜차이즈 사업 경영자

14) ISTP

① 판매, 서비스 및 교정, 교화 분야 - 경찰, 교도관, 카 레이서, 조종사, 사냥꾼, 정보 요원, 법원 집행관, 소방관, 측량기사, 스포츠 장비 판매원, 사립 탐정

② 크리에이티브 분야 - 전기, 기계, 토목기사, 전자 제품 전문가, 기술교사, 정보서비스 개발자, 소프트웨어 개발자, 물류 관리사, 네트워크 통합 전문가, 컴퓨터 프로그래머

③ 보건, 의료 분야 - 방사선과 기사, 응급 구조사, 운동 생리학자, 치위생사

④ 비즈니스 및 금융 분야 - 증권 분석가, 구매 대행인, 사무실 관리자, 은행원, 경영 컨설턴트, 법률가 보조원

⑤ 수공업 분야 - 컴퓨터 수리원, 항공기 정비사, 농부, 트레이너, 목수, 자동차 판매원, 미술가

15) ESFP

① 교육 및 사회 복지 분야 - 초등학교 교사, 보육사, 운동 코치, 사회복지사, 특수교육 교사, 알코올 중독 상담원, 아동복지 상담원

② 보건, 의료 분야 - 응급실 간호사, 개 조련사, 진료 보조원, 치위생사,

간호조무사, 물리치료사, 가정보건 보조원, 안마사, 식이요법사, 영양사, 안경사, 검안사, 응급 구조사, 운동 생리학자, 방사선과 기사, 호흡 치료사, 수의사, 작업 치료사

③ 엔터테인먼트 분야 - 여행사 직원, 사진사, 영화 제작자, 음악가, 무용수, 코미디언, 이벤트 코디네이터

④ 비즈니스 및 판매 분야 - 소매업자, 소매업 기획자, 홍보전문가, 기금조달자, 노무사, 접수계원, 상품 기획자, 팀 교육 전문가, 여행상품 판매원, 부동산 중개인, 스포츠 장비 판매원, 마케팅 전문가

⑤ 서비스 분야 - 비행기 승무원, 비서, 접수계원, 웨이터, 웨이트리스, 호환 디자이너, 경찰, 교도관(교정훈련, 재활 상담 전문)

16) ISFP

① 수공업 및 기능공 분야 - 패션 디자이너, 목수, 보석 세공인, 정원사, 자수 기능사, 도예가, 화가, 무용수, 인테리어 디자이너 및 조경 디자이너, 요리사

② 보건, 의료 분야 - 가정 방문 간호사, 물리 치료사, 마사지 치료사, 방사선과 기사, 의료 보조원, 치위생사, 안경사, 검안사, 운동 생리학자, 작업 치료사, 간호조무사, 외과 의사, 수의사, 약사, 응급실 의사, 소아과 의사, 심장과 의사, 제약회사 연구원, 약물 중독 상담원

③ 과학 및 기술 분야 - 측량사, 컴퓨터 조작원, 삼림 감시원, 식물학자, 지질학자, 수리공, 해양 생물학자, 텔레비전 카메라 조작원, 토양 보호 요원, 고고학자, 항공검사관, 전기설비 수리원

④ 판매 및 서비스 분야 - 초등학교 교사, 과학 및 미술 교사, 경찰, 비상 신고 전화 운영자, 청소 대행업자, 점원, 미용사, 여행상품 판매원, 상품 기획자, 스포츠 장비 판매원, 가정 보건 상품 판매원, 사회복지사, 아동복지 상담원

⑤ 비즈니스 분야 - 타이피스트, 행정가, 법률가 보조원

그룹 활동1

1. 우리가 선택하는 생의 좌우명 1가지?

2. 우리를 상징하는 동물을 그린다면?

2. 우리 삶의 주제가를 하나 선택한다면?

그룹 활동2

1. 나는 어떤 방법으로 삶에 활력을 얻는다고 생각합니까? 일상생활에서 구체적인 면들을 찾아봅시다.

2. 내 생애에서 가장 기억에 남는 경험(행복했던 경험, 힘들었던 경험)은 무엇인가?

3. 나의 생애의 탁월한 선택을 어떻게 결정하였는가?

4-1 나의 인생 계획표 작성하기(4-1과 4-2 중 한 주제 선택)
(향후 5년, 10년, 20년의 인생계획을 설계하며, 구체적인 생활로 실천하는 방법을 모색해 보자.)

4-2 가족 간의 생활방식의 차이에서 있었던 갈등에 대하여 찾아보자.

그룹 활동3

1. 자신의 유형의 성격 특성을 인터넷을 이용하여 찾아보자.

단원평가

문제 1. MBTI에 대한 설명이다. 잘못된 것을 고르면?

① 감각(S)-직관(N)은 무엇을 인식하는가의 지표이다.
② 사고(T)-감정(F) 지표에서 사고형(T)은 결과가 미치는 영향보다는 객관성과 공평성을 우선으로 다룬다.
③ 판단(J)-인식(P) 지표에서 판단형(J)은 반복 일상성을 참기 어려워하고 재미없어 한다.
④ 외향(E)-내향(I) 지표에서 외향형(E)은 다양한 활동을 선호하며 장시간 집중을 요할 때 어려워할 수 있다.

정답 ③

(설명) 판단(J)-인식(P) 지표에서 인식형은 반복 일상성을 참기 어려워하고 재미없어 한다.

참고문헌

강준만(2015). 재미있는 영어 인문학 이야기 3. 서울: 인물과 사상사.
심혜숙 외(1999). 성격유형과 진로탐색. 서울: 한국심리검사연구소.

CHAPTER

꼭 알아야 하는 이야기 '적성'

08

학 | 습 | 개 | 요

- 적성은 능력을 나타내는 개념이다. 적성은 흥미, 가치, 성격과 더불어 자기탐색을 위해 많이 활용되고 있는 변인 중에 하나이다. 근래에 능력중심의 채용이 확대되면서 지원자의 수행능력을 판별하기 위한 도구로 다양한 직무적성검사들이 실시되고 있지만 대학생들의 사회진출을 임박하여 적성검사를 준비하면 난감해 하는 경우가 많아 사전에 직무적성검사의 내용을 숙지하고 대비하는 것이 필요하다.
- 이 단원에서는 적성의 이론적 개념과 구성요인을 기반으로 채용전형에 필요한 직무적성검사에 대해 알아본다.

학 | 습 | 목 | 표

1. 직업적성의 개념과 구성요인을 이해한다.
2. 자신의 적성 유형을 파악하고, 이에 적합한 직업을 탐색한다.
3. 기업의 직무적성검사 내용을 살펴보고 채용을 대비하여 사전에 준비해야 될 내용을 이해한다.

읽을거리

이런 능력도 일할 때 필요할까?

A: 하아.. 난 정말 머리가 나쁜가 봐. 고등학교 때 성적도 별로였고...
B: 왜 갑자기 그래? 무슨 일 있어?

A: 편의점 알바하는데 또 실수했어. 계산도 안하고 손님 그냥 보내고~ 물건 주문하는 것도 깜빡해서 사장님한테 완전 혼났잖아.
B: 에고, 속상했겠다. 근데 넌 노래는 한번 들으면 귀신같이 외우면서 그런건 잘 잊어버리냐?

A: 그러게 말야. 근데 음악을 잘 외우는 건 어디다 써 먹냐. 공무원 시험에 음악이 있냐, 일할데가 있냐?
B: 하긴 그게 참 쉽지 않지. 그런데 요즘에 뭐 개인이라도 이별할 때 듣는 음악, 잠잘 때 듣는 음악 같이 리스트 만들어서 공유하잖아.

A: 어. 맞아. 나도 그런 유투버 알아. 그 사람꺼만 들어가서 들어.
B: 취미로 그런거 부터 시작해보면 어떨까? 처음부터 돈이 되지는 않겠지만, 너가 가진 재능을 보여줄 수 있잖아.

A: 우와! 좋은 생각인데. 옷도 전문적으로 골라주는 코디가 있는데, 음악도 그렇지 않을까?
B: 그래!...

자료: 삼육대학교(2020). 인생설계와 진로.

생각해보기

1. 내가 남들에 비해 잘하는 활동은 무엇일까요?
2. 나의 적성과 전공, 나의 적성과 진로목표의 적합성은 어느 정도 수준일까요? 적합성 수준이 낮으면 나는 어떤 준비를 해야 할까요?
3. 적성검사결과를 토대로 현재의 진로목표를 성취하게 되었을 때 예상되는 문제는 무엇일까요?

1. 적성의 개념

전직 갈등을 겪고 있는 사람에게 왜 회사를 그만두려고 하는지 질문하면 '적성이 맞지 않아서'라는 말을 흔히 듣는다. 일반적으로 사람들은 적성을 '어떤 대상에 적합한 성격'으로 인식하며 흥미, 적성, 가치, 성격들을 통칭하는 포괄적인 개념으로 알고 있다. 다양한 심리적 속성을 독립된 개념으로 구분하여 설명하는 것에는 한계가 존재하지만 진로장면에서의 적성의 개념은 어떠한 것을 수행할 수 있는 능력으로 정의된다. 적성은 사전적 의미로 "개인이 특정분야, 직업, 활동 등에 잠재적으로 가지고 있는 재능"으로 Dunnette(1976)은 "자연발생적 혹은 습득가능한 경향성"으로 개념화하였으며, Anastasi(1968)은 "다양한 일상경험의 누적된 효과를 반영하는 수행능력"으로 정의하였다. Cronbach(1970)가 적성검사를 "극대수행검사(maximum performance test)"로 규정한 이후, 일반적으로 적성은 유능성(ability)과 기술(skill)을 나타내는 포괄적인 개념으로 사용되고 있다(김병숙, 2009; 한국고용정보원, 2013).

적성은 초기에 지능개념 중심으로 발달되어 왔는데 지능(Intelligence)은 문제를 해결하고, 논리를 활용하고 비판적으로 사고하는 능력으로 Terman은 지능을 "추상적 사상을 다루는 능력"으로 Wechsler는 "유목적적으로 행동하고, 합리적으로 사고하고, 환경을 효과적으로 활용하는 능력"으로 정의하였다. 지능검사는 인간의 지적능력을 측정하는 검사로 대부분의 지능검사는 매우 넓은 분야에 걸친 성공가능성을 측정하며, 검사 시 언어, 수리 중심으로 능력을 측정한다.

적성검사는 어떤 기술이나 능력을 획득할 수 있는 개인의 능력을 예측하기 위한 검사로 초기의 적성검사는 지능검사를 중심으로 발달되어 왔다. 적성검사는 특정분야의 성공과 예언타당도가 높아, 구체적이고 특수한 직업에 대한 성공가능성을 측정한다. 적성검사의 측정영역은 언어와 수리를 중심으로 추리, 공간지각, 사물지각, 상황판단, 기계능력, 집중력 등 해당 영역이 광범위하다. 적성과 지능은 명확히 구분되는 개념은 아니지만, 언어와 수리능력 중심의 지능검사는 구체적이고 특수한 직업에 대한 성공가능성을 예측하기에는 한계가 있다. 이러한 이유로 진로장면에서 특정한 분야의 성공과 예언력이 높은 직업적성검사를 많이 활용한다.

2. 직업적성의 구성요인

적성의 구성요인은 학자들마다 매우 다양하게 규정하고 있다. 적성검사는 1945년부터 미국의 공군을 중심으로 다양한 특수능력을 측정하기 위해서 개발되기 시작했고, 1947년에 차별적성검사(Differential Aptitude Tests: DAT) 이후 현재까지 많은 종류의 적성검사가 발행되고 있다.

DAT는 중학생부터 성인까지를 대상으로 하는 검사로서 학생들을 위한 교육과 직업상담에서 사용하기 위해 만들어진 것이다(Anastasi, 1997). 공군에서 개발한 적성검사에서는 언어, 수리, 공간능력과 지각속도 요인을 포함하였고, DAT에서는 언어추리, 수 추리, 추상추리, 지각속도 및 정확도, 기계추리, 공간관계, 철자법, 언어사용의 8가지 적성요인을 포함하고 있다. Jackson의 Multidimensional Aptitude Battery-II(PAR, 2003)에서는 언어검사와 수행검사로 나누어 각각 지식, 이해, 산수, 유사성, 어휘검사와 숫자기호, 그림 완성, 공간, 그림 배열, 물체조립 검사를 포함시키고 있다.

그 외에 적성검사들에서도 대체로 10개 내외의 적성요인들을 측정하도록 구성되어 있다. 이러한 기존의 적성검사들이 포함시키고 있는 적성요인들은 언어능력, 수리능력, 공간능력과 지각속도는 필수적으로 들어있고, 그 외에 검사의 목적에 따라서 언어나 추리, 공간관련 능력의 특수한 측면을 포함시키거나, 직업적성검사의 경우 수공능력이나 사무능력, 혹은 기계적성을 측정하기 위한 하위 요인들을 포함시킨 형식을 취하고 있다. 국내에서 개발된 적성검사들도 거의 유사한 적성요인들로 구성되어 있다.

표 8-1 직업적성검사 구성요인

구분	내용
언어력	일상생활에서 사용되는 다양한 단어의 의미를 정확히 알고 글로 표현된 문장들의 내용을 올바르게 파악하는 능력
수리력	사칙연산을 이용하여 수리적 문제들을 풀어내고 일상생활에서 접하는 통계적 자료(표와 그래프)들의 의미를 정확하게 해석하는 능력
추리력	주어진 정보를 종합해서 이들 간의 관계를 논리적으로 추론해 내는 능력
공간지각력	물체를 회전시키거나 재배열했을 때 변화된 모습을 머릿속에 그릴 수 있으며, 공간 속에서 위치나 방향을 정확히 파악하는 능력
사물지각력	서로 다른 사물들 간의 유사점이나 차이점을 빠르고 정확하게 지각하는 능력
상황판단력	실생활에서 자주 당면하는 문제나 갈등 상황에서 문제를 해결하기 위한 여러 가지 가능한 방법들 중, 보다 바람직한 대안을 판단하는 능력
기계능력	기계의 작동원리나 사물의 운동원리를 정확히 이해하는 능력
집중력	작업을 방해하는 자극이 존재함에도 불구하고 정신을 한 곳에 집중하여 지속적으로 문제를 해결할 수 있는 능력
색채지각력	서로 다른 두 가지 색을 혼합하였을 때의 색을 유추할 수 있는 능력
사고유창력	주어진 상황에서 짧은 시간 내에 서로 다른 많은 아이디어를 개발해내는 능력
협응능력	눈과 손이 정확하게 협응하여 세밀한 작업을 빠른 시간 내에 정확하게 해내는 능력

자료: 한국고용정보원(2013). 대학생 직업심리검사 사용자 가이드.

표 8-2 직업적성군별 직업

구분	언어력	수리력	추리력	공간 지각력	사물 지각력	상황 판단력	기계 능력	집중력	색채 지각력	사고 유창력	협응 능력
첫 번째 높은 적성 영역	전자 및 통신공학기술자, 인터넷 관련 전문가, 재료공학기술자, 해양수산기술자, 인문계교사, 초등학교교사, 도서관 전문가, 의료 전문가, 약사, 간호전문가, 보건관련 준전문가, 법률 및 외교전문가, 경찰관 및 직업 군인, 번역전문가, 광고/조사/컨설팅 전문가, 직업상담원, 손해상정인/금융중개인, 일반관리자	측량 및 토목기술자, 컴퓨터 프로그래머 및 시스템엔지니어, 기계공학기술자, 환경공학기술자, 물리/화학/생물 전문가, 수학자 및 통계학자, 자연계 교사, 보건기술 준전문가, 세무사/공인회계사, 펀드매니저 및 투자분석가, 조정관련직업		화가 및 만화가, 사진가/촬영기사	유치원 교사, 음식제조관련직업, 건축관련직업	속기사	산업공학 기술자, 운전관련직업, 정비원	성우/아나운서	영양사, 음악관련 직업, 일반사무원	건축설계기술자, 농업기술자, 소방관, 기자 및 작가, 디자이너, 연출 및 감독자, 체육 지도자 및 무용가	레크리에이션 지도자, 영업사원, 대인서비스 관련직업, 미용관련직업, 일반제조원
두 번째 높은 적성 영역	환경공학기술자, 농업 기술자, 물리/화학/생물 전문가, 자연계 교사, 영양사, 소방관, 속기사, 기자 및 작가, 음악관련 직업, 레크리에이션 지도자, 펀드매니저 및 투자분석가	전자 및 통신공학기술자, 해양수산기술자, 초등학교 교사, 의료전문가, 약사, 법률 및 외교전문가, 번역전문가	컴퓨터프로그래머 및 시스템엔지니어, 수학자 및 통계학자, 세무사/공인회계사, 화가 및 만화가	측량 및 토목기술자, 건축설계기술자, 보건기술준전문가, 연출 및 감독자, 건축관련직업		도서관 전문가, 운전관련직업	기계공학기술자, 조정 관련 직업	인문계 교사, 유치원 교사, 광고/조사/컨설팅 전문가, 일반사무원, 대인서비스 관련 직업, 음식제조관련 직업, 일반제조원	디자이너, 사진가/촬영 기사, 미용관련 직업	인터넷관련 전문가, 재료공학기술자, 산업공학기술자, 간호전문가, 보건관련준전문가, 경찰관 및 직업군인, 직업상담원, 성우/아나운서, 손해사정인/금융중개인, 일반관리자, 영업사원, 정비원	체육지도자 및 무용가
세 번째 높은 적성 영역	측량 및 토목기술자, 컴퓨터프로그래머 및 시스템엔지니어, 세무사/공인회계사, 음식 제조관련직업, 운전관련직업	재료공학기술자, 농업기술자, 경찰관 및 직업군인, 기자 및 작가, 손해사정인/금융중개인, 일반관리자	전자 및 통신공학기술자, 인터넷 관련 저무가, 기계공학기술자, 환경공학기술자, 의료전문가, 약사	수학자 및 통계학자, 광고/조사/컨설팅 전문가, 일반 사무원, 조정관련 직업	속기사, 연출 및 감독자, 체육지도자 및 무용가, 대인서비스관련직업, 일반제조원	보건관련 준전문가, 직업상담원, 니자이니, 성우/아나운서	건축설계기술자, 해양수산기술자, 물리/화학/생물 전문가, 자연계교시, 보건기술준전문가, 소방관, 펀드매니저 및 투자분석가, 건축관련직업	사진가/촬영기사	산업공학기술자, 화가 및 만화가, 영업사원	초등학교교사, 유치원 교사, 도서관 전문가, 영양사, 법률 및 외교 전문가, 번역 전문가, 음악관련직업, 레크리에이션 지도자, 미용관련직업	인문계 교사, 간호 전문가, 정비원

자료: 문윤경, 오현주, 김미경(2012). 디딤돌과 버팀목.

3. 다중지능

미국 심리학자 하워드 가드너는 지능은 단일한 능력이 아니라 다수의 능력이 인간의 지능을 구성하고 있다고 주장하며, 각각의 능력들은 상대적 중요성을 동일하다고 가정 하에 다중지능 이론(Multiple Intelligence)을 제시하며 지능지수가 가진 '학문적 지능'의 의미보다 넓은 시간에서의 인간의 잠재력을 탐구하였다. 가드너는 다중지능의 8가지 구성요소를 ① 신체운동지능, ② 음악지능, ③ 언어지능, ④ 논리수학지능, ⑤ 공간지능, ⑥ 대인관계지능, ⑦ 개인이해지능, ⑧ 자연이해지능으로 체계화하였다.

하워드 가드너의 다중지능이론의 핵심은 지능검사의 대안적인 견해라기보다 더 인간적이고 더 현실적이며, 인간의 지적행동을 보다 적절하게 반영하는 것이라 하였다. 왜냐하면 사람은 누구나 타고나는 특성과 능력수준이 다르기 때문이다.

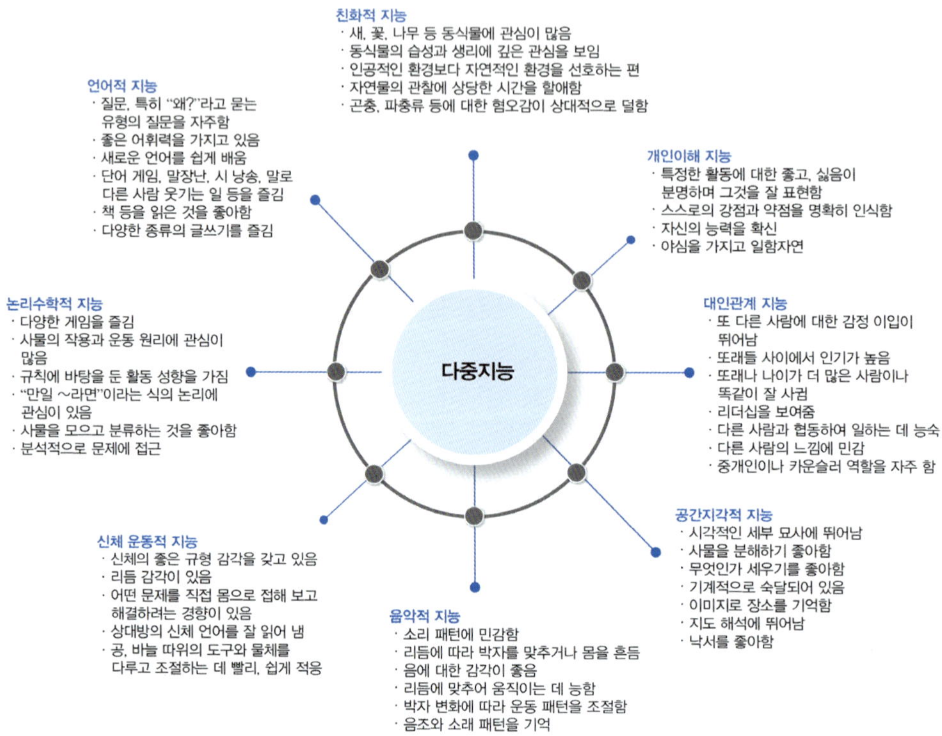

그림 8-1 다중지능 구성요인

표 8-3 다중지능 유형별 탐색 직종

지능 유형	특 징	탐색직업군
언어적 지능	• 질문, 특히 "왜?"라고 묻는 유형의 질문을 자주함 • 좋은 어휘력을 가지고 있음 • 새로운 언어를 쉽게 배움 • 단어 게임, 말장난, 시 낭송, 말로 다른 사람 웃기는 일 등을 즐김 • 책 등을 읽은 것을 좋아함 • 다양한 종류의 글쓰기를 즐김	작가, 방송인, 기자, 언어학자, 연설가, 변호사, 정치가, 외교관, 성우, 번역가, 통역사, 문학평론가, 방송 프로듀서, 개그맨, 경영자, 아나운서, 시인 등

지능 유형	특 징	탐색직업군
논리수학적 지능	• 다양한 게임을 즐김 • 사물의 작용과 운동 원리에 관심이 많음 • 규칙에 바탕을 둔 활동 성향을 가짐 • "만일 ~라면"이라는 식의 논리에 관심이 있음 • 사물을 모으고 분류하는 것을 좋아함 • 분석적으로 문제에 접근	엔지니어, 수학자, 물리학자, 과학자, 은행원, 컴퓨터 프로그래머, 공인회계사, 회계 감시원, 회사원(경리, 회계업무), 탐정, 의사, 수학 교사, 과학 교사, 법조인, 정보기관원 등
음악적 지능	• 소리 패턴에 민감함 • 리듬에 따라 박자를 맞추거나 몸을 흔듦 • 음에 대한 감각이 좋음 • 리듬에 맞추어 움직이는 데 능함 • 박자 변화에 따라 운동 패턴을 조절함 • 음조와 소래 패턴을 기억	음악가(성악가, 연주가, 작곡가, 지휘자 등), 음악치료사, 음향 기술자, 음악평론가, DJ, 가수, 댄서, 음악 교사, 음반제작자, 음악 공연 연출가 등
신체 운동적 지능	• 신체의 좋은 규형 감각을 갖고 있음 • 리듬 감각이 있음 • 어떤 문제를 직접 몸으로 접해 보고 해결하려는 경향이 있음 • 상대방의 신체 언어를 잘 읽어 냄 • 공, 바늘 따위의 도구와 물체를 다루고 조절하는 데 빨리, 쉽게 적응	무용가, 엔지니어, 운동선수, 체육학자, 외과의사, 공학자, 체육교사, 군인, 경찰, 체육관 관장, 경호원, 뮤지컬 배우, 사회체육 지도자, 건축가, 정비기술자, 카레이서, 파일럿 등
공간지각적 지능	• 시각적인 세부 묘사에 뛰어남 • 사물을 분해하기 좋아함 • 무엇인가 세우기를 좋아함 • 기계적으로 숙달되어 있음 • 이미지로 장소를 기억함 • 지도 해석에 뛰어남 • 낙서를 좋아함	조각가, 항해사, 디자이너, 엔지니어, 화가, 건축가, 설계사, 사진사, 파일럿, 코디네이터, 애니메이터, 탐험가, 동화 작가, 요리사, 외과 의사, 치과 의사, 큐레이터, 일러스트레이터 등
대인관계 지능	• 또 다른 사람에 대한 감정 이입이 뛰어남 • 또래들 사이에서 인기가 높음 • 또래나 나이가 더 많은 사람이나 똑같이 잘 사귐 • 리더십을 보여줌 • 다른 사람과 협동하여 일하는 데 능숙 • 다른 사람의 느낌에 민감 • 중개인이나 카운슬러 역할을 자주 함	사회학자, 정치가, 종교 지도자, 기업 경영자, 호텔 경영자, 정신과 의사, 카운슬러, 외교관 정치가, 방송 프로듀서, 간호사, 사회복지사, 교사, 승무원, 선교사, 교육 사업가 등

지능 유형	특 징	탐색직업군
개인이해 지능	• 특정한 활동에 대한 좋고, 싫음이 분명하며 그것을 잘 표현함 • 스스로의 강점과 약점을 명확히 인식함 • 자신의 능력을 확신 • 야심을 가지고 일함	신학자, 심리학자, 작가, 발명가, 정신분석학자, 성직자, 작곡가, 기업가, 예술인, 심리 치료사, 자기인식 훈련 프로그램 지도자 등
자연친화적 지능	• 새, 꽃, 나무 등 동식물에 관심이 많음 • 동식물의 습성과 생리에 깊은 관심을 보임 • 인공적인 환경보다 자연적인 환경을 선호하는 편 • 자연물의 관찰에 상당한 시간을 할애함 • 곤충, 파충류 등에 대한 혐오감이 상대적으로 덜함	유전공학자, 식물학자, 생물학자, 수의사, 천문학자, 한의사, 의사, 약사, 환경운동가, 동물조련사, 요리평론가, 원예가, 약초 연구가, 화원 경영자, 생명공학자, 생물교사, 지구과학 교사, 동물원 관련 직종 등

자료: 채희원, 신수림, 윤세훈(2018). 직업기초능력개발과 응용.

4. 직무적성검사

능력중심의 채용확산에 따라 지원자의 수행능력을 검증하기 위하여 다양한 직무적성검사가 강화되고 있는 추세이다. 특히, 최근에는 온라인으로도 직무검사가 운영되는 추세로 취업준비생이 가장 난감해하는 분야가 적성검사일 것이다. 이러한 이유로 사전에 다양한 직무적성검사에 대한 내용을 숙지하고 대비하는 것이 필요하다. 대표적인 기업의 직무적성검사내용을 살펴보면 아래와 같다.

1) 삼성그룹 GSAT(GSAT : Global Samsung Aptitude Test)

삼성직무적성검사는 언어논리, 수리논리, 추리, 시각적사고 등 총 5개 영역, 110문항 115분 동안 진행된다. 시험방법으로는 오프라인에서는 언어논리, 수리논리, 추리, 시각적 사고영역이 운영되고 온라인으로 시험을 실시할 때는 수리논리와 추리만 시행된다. 삼성 GSAT는 오답 감점제가 있으며 영역별 과락이 있는 것이 특징이다.

표 8-4 삼성 GSAT

2020. 하반기 채용 기준

영역	문항	시간	시험방법
언어논리	30문항	25분	오프라인
수리논리	20문항	30분	오프라인, 온라인
추리	30문항	30분	오프라인, 온라인
시각적사고	30문항	30분	오프라인
합계	110문항	115분	

2) LG Way fit test

LG Way fit test는 언어이해, 언어추리, 수리력, 사료해석, 창의수리 총 4개 영역별 15문항씩 10분씩 총 40분 동안 실시된다. LG Way fit test는 온라인 프로그램안에 계산기와 메모장이 있어서 시험 중 계산기를 사용할 수 있는 것이 특징이다. 인적성검사가 종료되면 바로 AI면접에 응시해야 한다.

표 8-5 LG Way fit test

2020. 하반기 채용 기준

영역	문항	시간	시험방법
언어이해	15문항	10분	온라인
언어추리	15문항	10분	온라인
자료해석력	15문항	10분	온라인
창의수리	15문항	10분	온라인
합계	60문항	40분	

3) SKCT(SK Competency Test)

SK종합역량검사의 영역은 수리능력, 언어능력, 직무능력으로 구분된다. 수리능력은 수리적 사고력과 논리적 사고력을 평가를, 언어능력은 자료해석력을 측정하고, 직무능력은 직무적합성을 측정하는 내용을 실시된다. 총 60문항으로 45분에 걸쳐서 적성검사가 실시된다. SK직무적성검사는 직무능력의 경우 지원한 직군타입에 따라 출제유형이 상이한 것이 특징이다.

표 8-6 SK 종합역량 검사(SKCT)

2020. 하반기 채용 기준

영역		문항	시간
수리능력	수리적 사고력	20문항	30분
	논리적 사고력		
언어능력	자료해석력	20문항	20분
직무능력	직무적합성	20문항	25분
합계		60문항	75분

4) CJ 종합적성검사

CJ 종합적성검사는 기초직무수행능력(CAT)와 인성검사(CJAT)로 구성되어 있으며, 총 350문항으로 검사시간은 45분이다. CAT영역으로는 독해·언어추리, 문단배열, 자료해석·응용수리, 도식적 추리가 있으며, CJAT에서는 CJ 인재상과의 적합성을 판단하기 위하여 가치관과 상황판단능력을 평가하며 채점 시 오답은 감점하는 특징이 있다.

표 8-7 CJ 종합적성검사

2020. 하반기 채용 기준

구분	영역	문항	시간
CAT (기초직무수행 능력검사)	독해·언어추리	25문항	30분
	문단배열	15문항	15분
	자료해석·응용수리	25문항	30분
	도식적 추리	15문항	25분
CJAT (인성검사)	CJ 인재상과의 적합성(가치관·상황파악능력)	270문항	45분
합계		350문항	145분

5) 롯데 L-TAB

롯데 L-TAB은 직무 적합진단과 조직 적합진단으로 구성되어 있으며 총 400문항이 190분 동안 진행된다. 직무 적합진단은 공통계열로 언어이해, 문제해결, 자료해석을 진단하며, 인문계열은 언어논리, 이공계열은 수리·공간능력을 진단한다. 조직 적합진단은 인성검사로 265문항을 30분 동안 실시한다.

표 8-8 롯데 L-TAB

구분	영역		문항	시간
직무 적합진단	공통	언어이해	35문항	25분
		문제해결	30문항	30분
		자료해석	35문항	35분
	인문계	언어논리	35문항	35분
	이공계	수리·공간	35문항	35분
조직 적합진단	인성검사		265문항	30분
합계			400문항	190분

활동 1

나 이런 사람이야!

* 각 문장을 완성하고 그 이유를 간략이 설명해 봅시다.

① 내가 다른 사람에 비해 잘하는 일은 무엇인지 생각해봅시다.

② 내가 성공했던 일은 어떤 것인지 생각해봅시다.

③ 내가 가진 능력 중에서 가장 뛰어난 능력은 무엇인지 생각해봅시다.

④ 내게 필요한 능력이 있다면 어떤 능력일지 생각해봅시다.

활동 2

다중지능검사

아래의 문항은 다중지능을 검사하는 항목으로 총 40문항으로 구성되어 있다. 5점 척도로 자기진단검사이다. 다른 사람과 비교하거나 시험을 보는 것이 아니기 때문에 평소 자신의 모습을 솔직하게 체크합니다.

번호	문항	매우 아니다	아니다	보통이다	그렇다	매우 그렇다
		1	2	3	4	5
1	내 생각이나 감정을 효과적으로 표현하기 위해 글을 짜임새 있게 구성할 수 있다.					
2	무엇이든 실험하고 검증하는 것을 좋아한다.					
3	내 방 꾸미기나 조립 모형 만들기를 좋아한다.					
4	사람들은 나에게 운동을 잘한다고 한다.					
5	악기를 처음 배울 때 그 연주법을 비교적 쉽게 배운다.					
6	가족이나 직장동료, 상사, 친구 등 누구와도 잘 지내는 편이다.					
7	평소에 내 능력이나 재능을 계발하기 위해 노력하고 있다.					
8	내 주위의 동/식물 혹은 사물 등에 대한 관찰력이 뛰어나다.					
9	속담이나 격언, 비유를 사용하여 이야기하는 것을 즐긴다.					
10	나는 중고등학교 때 수학이나 과학 과목을 좋아했다.					
11	다른 사람으로부터 그림 그리거나 만들기를 잘한다고 칭찬받은 적이 있다.					

번호	문항	매우 아니다	아니다	보통이다	그렇다	매우 그렇다
		1	2	3	4	5
12	평소에 신체를 많이 움직이는 활동을 좋아한다.					
13	다른 사람과 화음을 이루어 노래를 하거나 악기를 연주하는 것을 좋아한다.					
14	사람들의 계층, 권리, 의무 등에 관심이 많다.					
15	나 자신을 되돌아보고 앞으로의 생활을 계획하는 것을 좋아한다.					
16	동물이나 식물 기르는 것을 좋아한다.					
17	글이나 문서를 읽을 때 문법적으로 어색한 문장이나 단어를 잘 찾아낸다.					
18	어떤 문제가 생기면 여러 가지 방법으로 그 원인을 밝히고 해결하려고 한다.					
19	새로운 지식을 습득할 때 그림이나 개념 지도를 그려 가며 외운다.					
20	뜨개질이나 조각, 조립과 같이 섬세한 손놀림이 필요한 활동을 잘 할 수 있다.					
21	취미생활로 악기 연주나 음악 감상을 즐긴다.					
22	친구나 가족들의 고민거리를 들어주거나 해결하는 것을 좋아한다.					
23	내 생각이나 감정을 상황에 맞게 잘 통제하고 조절한다.					
24	옷이나 가방을 보면 어떤 브랜드인지 바로 알아맞힐 수 있다.					
25	중고등학교 때 국어시간이나 글쓰기 시간을 좋아했다.					

번호	문항	매우 아니다	아니다	보통이다	그렇다	매우 그렇다
		1	2	3	4	5
26	물건의 가격이나 은행 이자 등을 잘 계산한다.					
27	손으로 물건을 만들고 그림을 그리는 것을 좋아한다.					
28	개그맨이나 탤런트, 주변 사람들의 행동을 잘 흉내 낼 수 있다.					
29	악보를 보면 그 곡의 멜로디를 어느 정도 알 수 있다.					
30	다른 사람들로부터 다정다감하다는 소리를 자주 듣는다.					
31	화가 나면 왜 화가 나는지 곰곰이 생각해 보곤 했다.					
32	어떤 사물이나 물건을 볼 때, 각각의 공통점과 차이점을 잘 알아챈다.					
33	글을 조리 있고 설득력 있게 쓴다는 말을 자주 듣는다.					
34	조직생활에서 발생하는 문제를 해결하는 절차와 방법을 잘 알고 있다.					
35	어림짐작으로도 길이나 넓이를 비교적 정확히 알아 맞힌다.					
36	연기나 춤과 같이 내가 전하고자 하는 것을 몸으로 잘 표현할 수 있다.					
37	다른 사람의 연주나 노래를 들으면 어떤 점이 부족한지 알 수 있다.					
38	직장 동료나 상사 혹은 학교에서의 교수님이나 친구들의 기분을 잘 파악하고 적절하게 대처한다.					

번호	문항	매우 아니다	아니다	보통 이다	그렇다	매우 그렇다
		1	2	3	4	5
39	우울한 기분이 들 때 즐거워지기 위한 나만의 방법을 사용한다.					
40	동물이나 식물에 관하여 많은 정보를 알고 있다.					

다중지능검사 결과

검사한 40문항 결과를 아래 다중지능검사 답안지 옮겨 적습니다. 세로 항목별 총합을 적어 보세요. 점수가 상대적으로 높은 것이 나의 강점지능이 되고, 점수가 상대적으로 낮은 것이 나의 약점 지능이 됩니다.

다중지능검사 답안지

다중지능 검사 결과를 문항별 표기하고, 세로 항목별 총합을 적어 보세요.
점수가 상대적으로 높은 것이 나의 강점지능이 되고, 점수가 상대적으로 낮은 것이 나의 약점 지능이 됩니다.

A	B	C	D	E	F	G	H
1	2	3	4	5	6	7	8
9	10	11	12	13	14	15	16
17	18	19	20	21	22	23	24
25	26	27	28	29	30	31	32
33	34	35	36	37	38	39	40
세로 항목별 총계							

☞ 점수가 상대적으로 높은 항목 2~4개 O표시(강점지능), 점수가 상대적으로 낮은 항목 2~4개에는 □ 표시(약점지능)를 함

* 검사 결과 A는 언어적 지능, B는 논리수학적 지능, C는 공간지각적 지능, D는 신체운동적지능, E는 음악적 지능, F는 대인관계지능, G는 개인이해지능, H는 자연친화지능

에 해당된다.

■나의 강점지능: __________, __________, __________, __________

■나의 약점지능: __________, __________, __________, __________

자료: 채희원, 신수림, 윤세훈(2018). 직업기초능력개발과 응용.

활동 3

보유 능력과 장점 목록

1. 다음을 살펴보고, 자신이 가지고 있는 능력과 기술에 체크해봅니다. 그간 경험했던 일 뿐만아니라 일상적인 생활에서 얻었던 기술들에도 모두 V표 해봅시다.

- □ 타인과의 협력, 조화
- □ 정리, 정돈
- □ 탐험과 답사 관련 지식
- □ 모임에서 사회보기
- □ 게임 진행
- □ 조언, 상담 건
- □ 대인갈등의 조정
- □ 협상능력
- □ 예산 편성
- □ 인사관리
- □ 납기일 맞추기
- □ 계약하기
- □ 주변 환경 꾸미기
- □ 리더십
- □ 여론조사
- □ 공부 가르치기
- □ 암기, 기억
- □ 환자 간호
- □ 아기 돌보기
- □ 비평, 논평
- □ 여행정보 많음
- □ 논리적으로 글쓰기
- □ 번역하기
- □ 외국어 회화
- □ 남을 도와주기
- □ 스포츠
- □ 패션감각
- □ 타인을 설득하기
- □ 기타(　　　　　　　　　)
- □ 기타(　　　　　　　　　)

- □ 기계 조립
- □ 운전
- □ 전자제품 수리
- □ 가구 수선
- □ 물건 구입
- □ 축, 건설 관련 기술
- □ 물건 판매
- □ 통계 기법
- □ 생활용품 발명
- □ 정보 검색
- □ 돈 계산(경리, 장부정리)
- □ 수금
- □ 컴퓨터프로그램 짜기
- □ 요약, 발표
- □ 물건포장
- □ 문서 편집
- □ 문서보관, 정리
- □ 자재관리
- □ 차량 정비
- □ 그림 그리기
- □ 조경, 식물재배
- □ 수공예품 만들기
- □ 인쇄, 출판 관련기술
- □ 워드프로세서
- □ 요리
- □ 이용, 미용기술
- □ 친절하게 전화 받기
- □ 기타(　　　　　　　　　)
- □ 기타(　　　　　　　　　)
- □ 기타(　　　　　　　　　)

2. 위의 표시한 내용 중 좋은 성과를 내었던 경험을 정리해봅시다

자료: 문윤경, 오현주, 김미경(2012). 디딤돌과 버팀목.

단원평가

문제 1. 아래의 내용이 틀리면 X, 맞으면 O표 해봅시다

① 하워드 가드너의 다중지능은 '학문적인 지능'에서 '인간이 지닌 모든 인지적 능력'으로 확장된 개념이다(　)

② 적성은 적합한 성격이라는 개념으로 직업선택에서 가장 중요한 요소이다(　)

③ 적성과 지능은 동일한 구성요소로 다루고 있다(　)

문제 2. (언어력) '수뇌'의 단어의 반대 뜻은?

① 후뇌　② 간부　③ 졸병　④ 친구

문제 3. (수리력) A혼자서 하면 18일이 걸리는 일이 있는데, A와B가 함께하여 12일이 걸렸다. 그럼 B가 혼자서 일하면 몇 일이 걸리겠는가?

① 12일　② 18일　③ 24일　④ 36일

문제 4. (추리력)순서의 규칙을 발견하여 마지막 문자 다음에 빈칸에 올 문자는?

1 - 3 - 7 - 35 - 14 - ?

① 6　② 28　③ 205　④ 287

문제 5. 아래의 도식에서 ?에 들어갈 표시는?

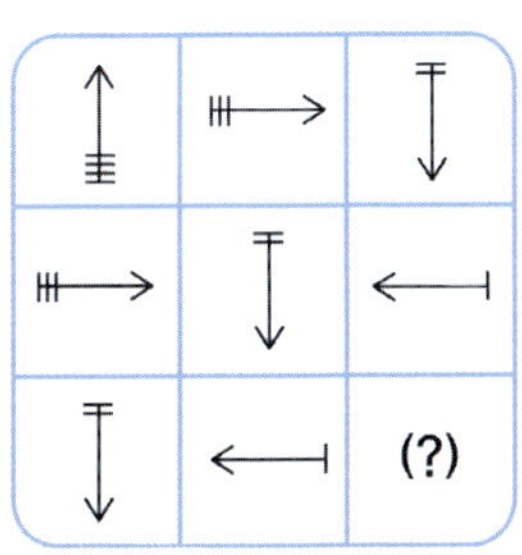

① 　② 　③ 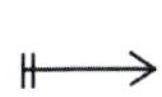　④ 

문제 6. (공간지각력) 아래의 그림에서 동일한 그림 2개는 무엇인가요?

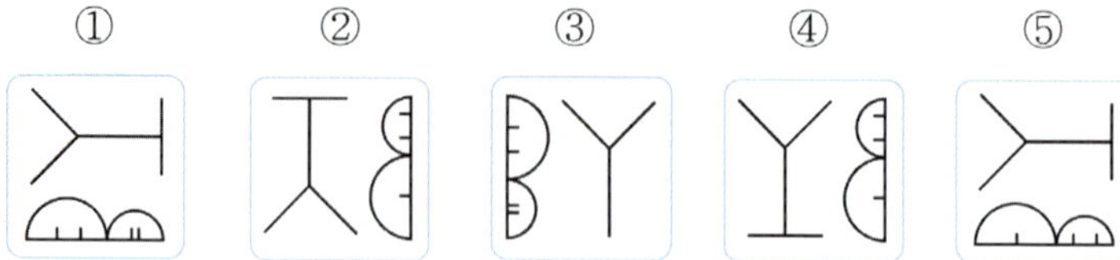

정답

문제 1. ① ○, ② X, ③ ○
문제 2. ③
문제 3. ④
문제 4. ④
문제 5. ①
문제 6. ② ⑤

참고문헌

김병숙(2009). 인간과 직업. 서울 : 시그마프레스.
문윤경, 오현주, 김미경(2012). 디딤돌과 버팀목.
박문각(2010). 삼성직무적성검사(GSAT).
삼육대(2020). 인생설계와 진로.
채희원, 신수림, 윤세훈(2018). 직업기초능력개발과 응용.
한국고용정보원(2013). 대학생직업심리검사 사용자 가이드.
http://blog.naver.com/kimgbrf

PART 04

성공취업의 비밀

CHAPTER 09

직무별 K(지식)S(기술)A(태도) '직무세우기'

학 | 습 | 개 | 요

- 기업의 경영활동 과정 안에서 직무가 만들어 진다. 생산품을 제조하기 위하여 연구개발 및 생산 · 품질관리 등의 직무가 세분화되고, 만들어진 생산품을 판매하기 위하여 영업직무 및 경영지원 직무 존재하게 된다. 이렇듯 기업의 목적을 달성하기 위하여 필요성을 가지고 직무가 탄생하고 그에 맞는 역량을 가진 인재를 채용하게 된다.
- 또한, 직무수행능력은 직업인으로서 직장생활에 요구되는 조직의 체제와 경영을 이해하고 예비사회인으로서 필요한 핵심역량을 준비하기 위해 선행하여 학습되어야 하는 중요한 능력이다. 직무세우기를 통하여 자신에게 주어진 직무의 성격과 내용을 알고 그에 필요한 지식 · 기술 · 태도를 확인하여 조직생활에서 기본이 되는 직업인의 역할을 효과적으로 수행하여야 한다.
- 이 단원에서는 자신의 목표 직무에 대하여 정확히 이해하고 업무수행에 필요한 지식, 기술, 태도의 핵심역량을 준비하고자 한다.

학 | 습 | 목 | 표

1. 기업의 경영활동을 이해를 통하여 다양한 직무종류에 대하여 파악할 수 있다.
2. 다양한 직무의 이해를 통하여 자신의 직무목표를 설정할 수 있다.
3. 미래 조직생활에 필요한 직무에 대한 지식 · 기술 · 태도를 분석하고 준비할 수 있다.

읽을거리

중견 SW기업의 일자리 도전기, "미스매칭을 넘는다."

중견 SW기업은 지난해 매출을 15% 늘렸다. 녹록치 않은 경기 속에서 대학 시장 선점에 성공, 위기를 기회로 바꿨다. 올해 들어서도 다수 프로젝트를 확보해 성과를 이어간다. 하지만 순항하는 중견 SW기업도 풀지 못한 숙제가 있다. 다름 아닌 인력 문제이다.

중견 SW기업 대표는 "SW 인력 미스매칭은 예전부터 문제였지만 최근 부쩍 심화됐다"며 "사람 의존도가 높은 SW산업에서 일자리 미스매칭은 안정적 기업 운영을 위협하는 가장 큰 불안요소"라고 말했다. SW시장에 유입되는 인력이 줄어들고, 기존 인력과 고급 인력은 이탈하거나 프리랜서로 전향하고 있으며, 대학에서 교육받고 사회진출 한 신입사원에게 일을 주기에는 업무 이해도가 부족하여 일에 직접 투입이 어렵다." 일자리 환경이 갈수록 악화되고 있다는 것이다.

'교육 현장에서 업무에 이해도가 높은 인재가 배출되어 일에 직접 투입 될 수 있는 직무 중심형 인재 양성이 시급하다.'는 현장의 이야기이다.

자료: 아이티데일리, 2018. 01. 28.

생각해보기

- 직무에 대한 이해가 중요한 이유는 무엇일까요?

1. 기업경영의 이해

1) 기업경영이란?

기업경영이란 어떤 일을 계획적 또는 체계적으로 운용, 관리하여 목적을 달성하기 위해 필요한 물자와 사람, 그리고 경비를 결합한 생산·서비스 조직체 등을 의미한다. 기업경영은 조직의 분명한 목표를 설정하고 그 목표를 달성하기 위하여 요구되는 모든 인적, 물적자원과 시스템을 효율적이고 효과적으로 사용하는 의사결정 활동이라 할 수 있다.

2) 기업경영의 구성요소

경영의 구성요소에는 경영목적, 인적자원, 자금, 전략의 4요소가 있다.

(1) 기업경영 목적

경영목적은 조직의 목적을 어떤 과정과 방법을 택하여 수행할 것인가를 구체적으로 제시한다. 조직의 목적을 달성하기 위해 조직을 이끌어나가는 경영자는 조직의 목적이 어느 정도 달성되었는지 그리고 얼마나 효율적으로 달성되었는지에 대해 평가를 받는다.

(2) 인적자원

인적자원은 조직에서 일을 하고 있는 구성원들로 이들이 어떠한 역량을 가지고 어떻게 직무를 수행하는지에 따라 경영성과가 달라진다. 경영자는 조직의 목적과 필요에 부합하는 인적자원을 채용하고 이를 적재적소에 배치, 활용할 수 있어야 한다.

(3) 자금

자금은 경영활동에 사용할 수 있는 돈을 의미한다. 자금이 부족할 경우

원하는 경영 목표를 달성하는데 어려움을 겪게 된다. 특히 이윤추구를 목적으로 하는 사기업에서 자금을 통해 새로운 이윤을 창출하는 기초가 된다.

(4) 전략

전략은 조직이 가지고 있는 자원을 효과적으로 운영하여 무엇을 해야 하며, 어떤 것을 달성해야 하는가를 알려주는 것으로 경영전략이란 기업 내 모든 인적물적 자원을 경영목적을 달성하기 위해 조직화 하고, 이를 실해에 옮겨 경쟁우위를 달성하는 일련의 방침 및 활동이다.

그림 9-1 기업경영의 4요소

3) 기업경영의 과정

기업경영은 경영자가 경영목표를 설정하고, 경영자원을 조달·배분하여 경영활동을 실행하며, 이를 평가하는 일련의 과정이다.

(1) 경영계획

조직의 미래상을 결정하고 이를 달성하기 위한 대안을 분석하고 목표를 수립하며 실행방안을 선정하는 과정이다.

(2) 경영실행

경영계획에 따라 경영실행이 이루어지며 이 단계에서는 조직목적을 달성하기 위한 활동들과 조직구성원을 관리한다.

(3) 경영평가

경영실행에 대한 평가는 수행결과를 감독하고 교정하여 다시 피드백하는 단계로 이루어진다.

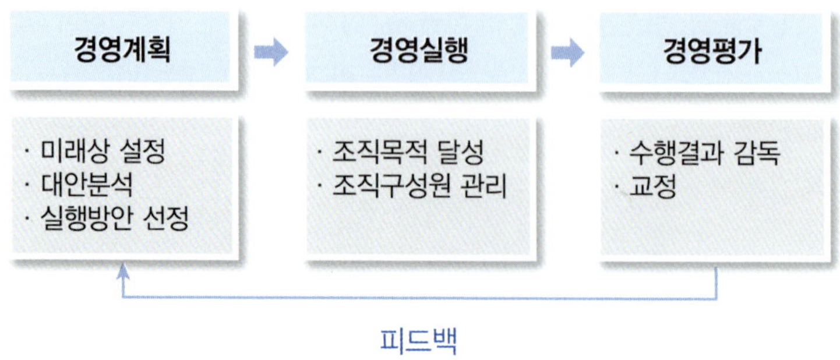

그림 9-2 기업경영의 과정

4) 기업경영의 순환구조

기업의 경영은 각 부서가 독립적으로 운영되는 것이 아니라 순환의 구조로 각 부서가 서로 협력하여 팀워크와 소통을 바탕으로 운영된다.

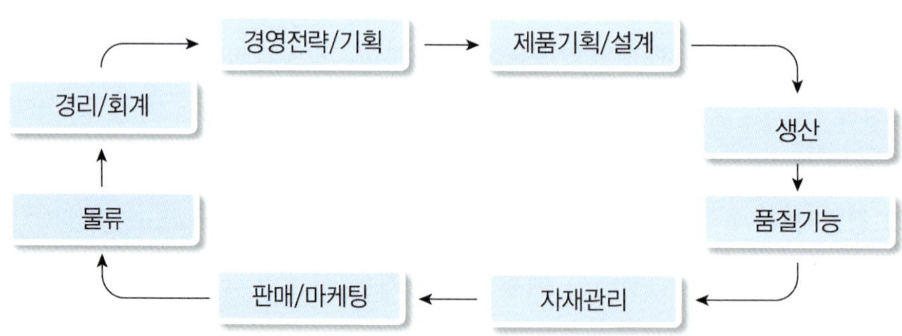

그림 9-3 기업경영의 순환구조

2. 기업경영활동 속 직무의 종류

기업은 경영목표를 설정하고 경영전략을 통하여 기업 내 인적물적자원을 조달·배분하며 경영활동을 실행한다. 효율적인 경영활동 속에서 조직은 성장하고 조직의 직무체계가 세워지고 각 직무는 경영의 순환구조로 협력 운영된다. [참고]를 통하여 기업의 경영활동 속에서 직무가 만들어지는 과정을 이해하고 '자신이 어떤 직무의 일을 수행 할 수 있을까?'를 생각해 보자.

참고

다음은 기업의 대표입장에서 채용을 진행하며 조직의 직무체계가 설립되는 과정이다. 예비창업자에서 창업을 하고, 조직 구성 후 직무체계가 설립되어 기업이 성장하는 과정을 이해하고 경영활동 속 직무의 종류에 대하여 이해해 보자.

[예시 : 제조업]

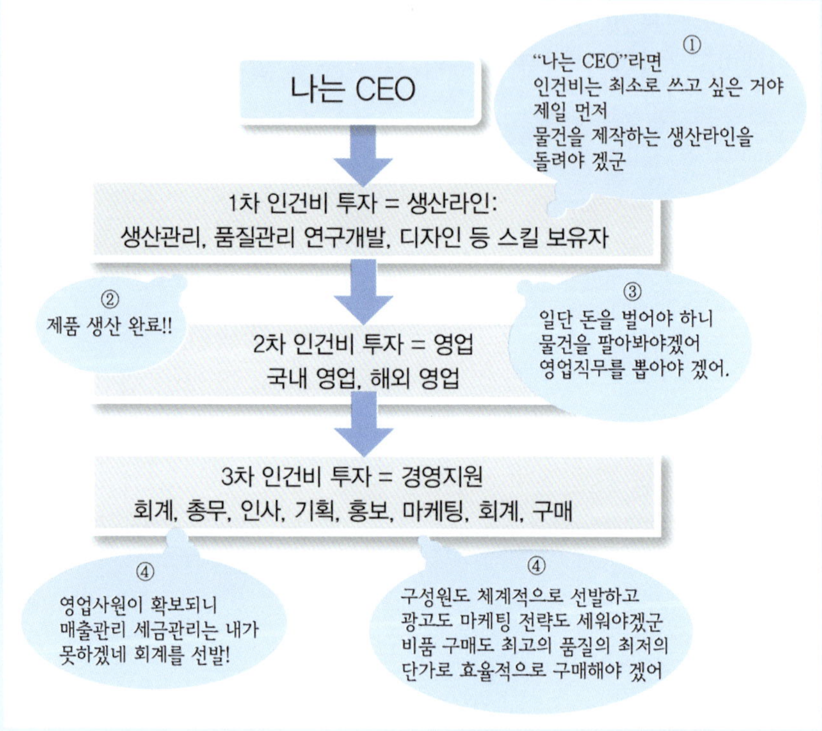

① 조직의 생산라인은 상품을 제작하여 매출을 발생시키는 1차적 활동으로 각 산업별 생산관리, 품질관리, 연구개발, 디자인 등의 직무가 포함된다.

② 제품생산이 완료되면 제품을 판매하여 매출이 발생된다. 영업은 국내영업과 해외영업으로 구분된다.

③ 생산라인에서 제작된 상품을 영업팀에서 판매하고, 판매를 촉진시켜 매출을 상승시킬 수 있도록 경영지원(기획, 총무, 인사, 홍보마케팅, 회계, 구매) 직무가 만들어 진다.

POINT : 위와 같이 매출성장이라는 목표를 가지고 경영전략을 통하여 채용이 진행이 되고 직무체계가 성립되고 순환구조를 가지고 협력소통하며 경영활동이 진행된다.

3. 조직도 분석 및 직무세우기

미래의 근무희망기업을 선정하고, 기업 홈페이지를 참고하여 조직도를 정리해 보자. 기업에서 어떠한 일이 부서별로 진행되고 있는지 살펴보며 나의 진로 목표를 구체화시켜 볼 수 있다.

활동 1

■ 기업 조직도 분석하기

- 기업명 :
- 기업 홈페이지 주소 :
- 조직도 분석

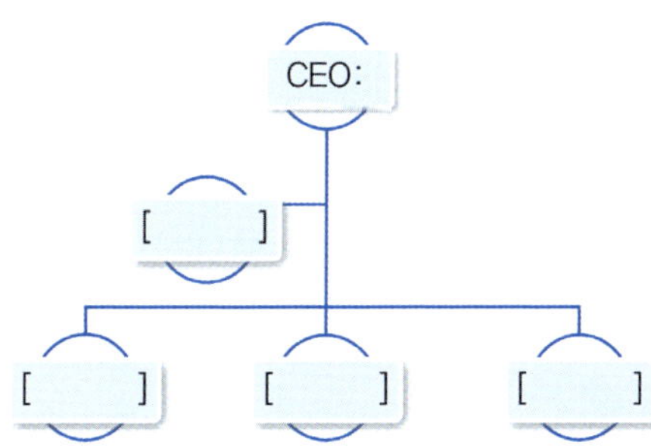

■ 직무세우기

희망기업의 조직도 안에서 자신이 일해보고 싶은 부서는 어떠한 부서인가요?
자신이 '하고 싶은 일' '잘할 수 있는 일'이 무엇인지 생각해 보고, 2단계로 전공별 진출 가능 분야에 대해서 찾아보며 자신의 진로목표를 정리해 보자.

진로 목표 1	
진로 목표 2	
진로 목표 3	

4. 직무세우기

'어떠한 일에 대한 목적 및 직무를 수행하는데 요구되는 지식·기술·경험·책임·태도·책임 등이 무엇인지를 과학적이고 합리적으로 알아내는 것'을 직무분석이라고 한다. 희망직무에 대하여 구체적으로 이해하고 준비한다면 향후 취업전략은 물론 자신의 경력개발에 가장 중요한 첫 걸음이 될 수 있다.

1) 희망 직무 정보 찾기 방법

희망직무가 구체적으로 어떤 일을 하는지는 다양한 사이트에서 제시되고 있다. 고용노동부의 워크넷 한국직업정보시스템(www.work.go.kr), 국가직무능력표준(www.ncs.go.kr), 기업홈페이지 등을 활용하여 희망직무에 대한 정보를 분석해 보는 방법에 대해서 알아보자.

(1) 워크넷 한국직업정보시스템(www.work.go.kr)

워크넷은 채용시 제공되고 있는 직무기술서 내용을 풀어서 자세히 설명하고 있고, 해당 직업의 임금, 직업만족도, 전망, 관련 자격증 등 다양한 정보를 제공하고 있다. 또한 전공별 진로가이드 및 현직자 인터뷰 내용을 살펴 볼 수 있다.

그림 9-4 워크넷의 한국직업정보시스템

(2) 국가직무능력표준(www.ncs.go.kr)

국가직무능력표준은 산업현장의 일을 24개의 대분류로 분류하고 산업별로 직무분석 한 1021개의 직무정보를 제공하는 국가직무능력표준 사이트이다. 대분류 → 중분류 → 소분류 → 세분류(직무) → 직무별 능력단위 세분화하여 직무별로 필요한 지식·기술·태도 및 자격정보, 경력개발체계도 등 미래계획을 세울 필요한 핵심내용을 제공하고 있다.

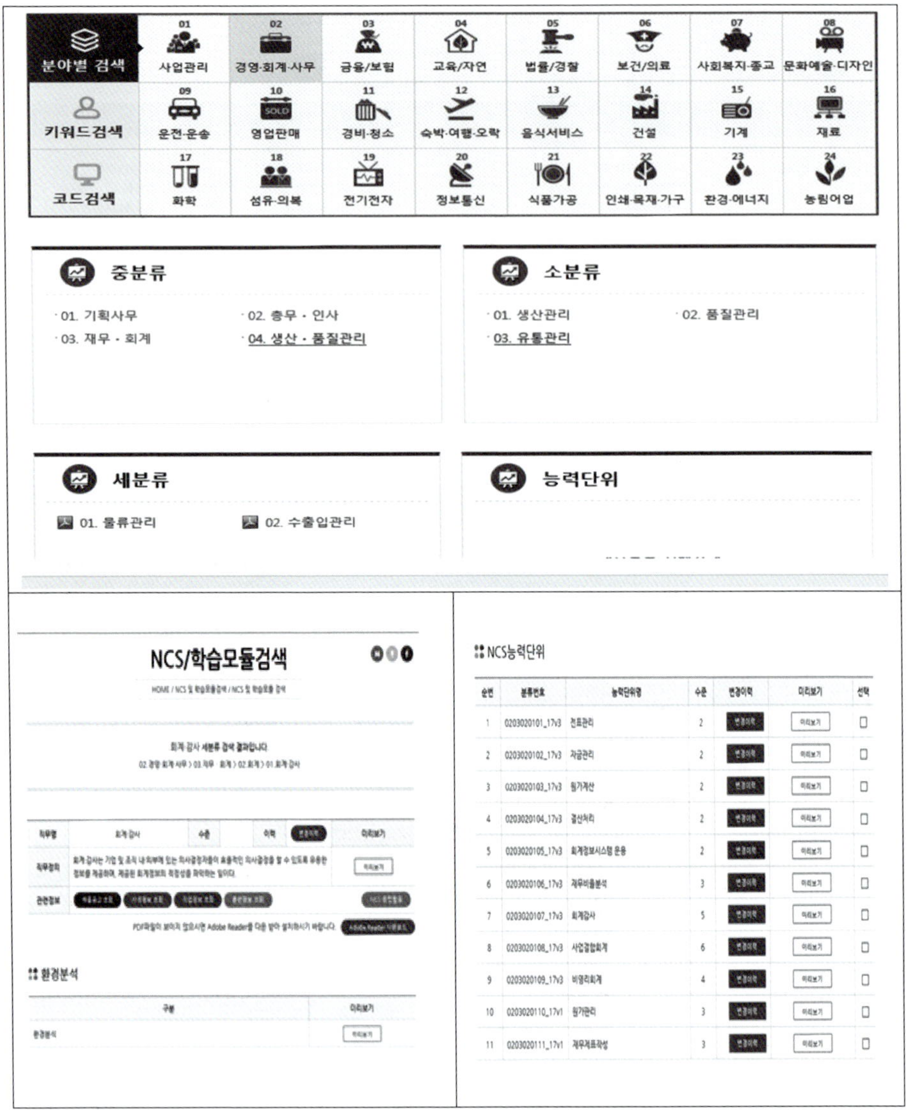

그림 9-5 국가직무능력표준 사이트

(3) 기업 홈페이지

기업별로 직무에 대한 내용이 잘 정리되어 제공되어 있다. 자신이 희망하는 기업에서 어떠한 인재선발 요구사항에 대하여 살펴보는 것이 중요하다. 기업 홈페이지 중 CJ그룹 홈페이지(http://recruit.cj.net) 살펴보면 세분화된 직무정보를 얻을 수 있다. CJ그룹 내 산업별로 기업 내 직무정보가 자세히 구분화 되어 소개되고 있고, 직무별 현직자 인터뷰를 통하여 현장에 필요한 역량이 무엇인지 살펴볼 수 있다.

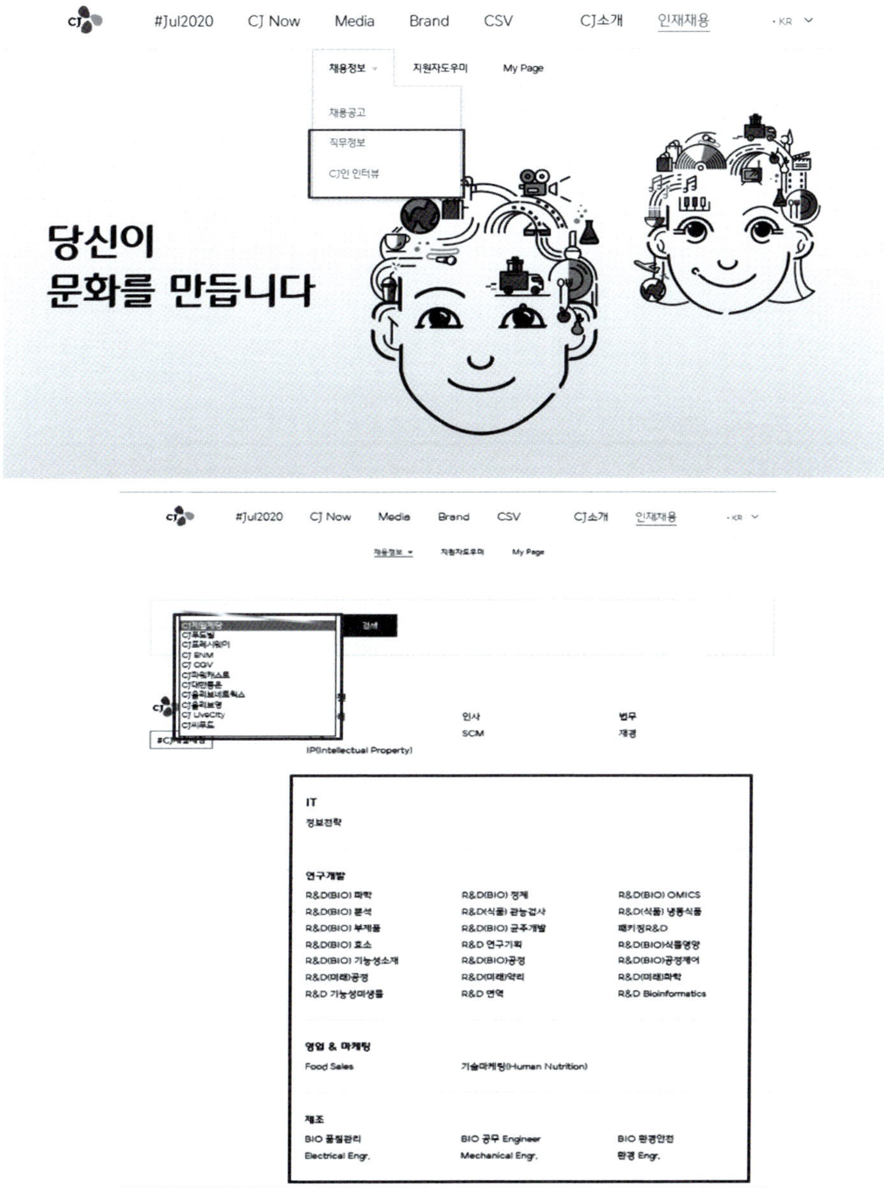

그림 9-6 CJ그룹 홈페이지 내 직무정보제공

2) 희망직무 파헤치기

내가 선택한 직무에 대해 실제적인 정보를 습득하고, 그로 인해 자신이 가진 경쟁력 및 보완점을 알아보기 위해 구체적으로 조사하고 정리해 보자.

활동 2

희망직무 파헤치기

한국직업 정보시스템(www.work.go.kr), 국가직무능력표준(www.ncs.go.kr), 기업 홈페이지를 참조하여 내가 희망하는 직업 혹은 직무내용을 파악하고 그에 필요한 핵심역량이 무엇인지 정리해 보자.

<table>
<tr><td>직무명</td><td colspan="2"></td></tr>
<tr><td>직무소개
(채용홈페이지)</td><td colspan="2">TIP 희망기업의 채용홈페이지의 직무소개를 참고해서 작성</td></tr>
<tr><td>구체적
업무내용</td><td colspan="2"></td></tr>
<tr><td rowspan="3">직무에
필요한 역량</td><td>Knowledge
(지식)</td><td>TIP 직무를 수행하는데 필요한 지식, 전공과목, 자격증 등</td></tr>
<tr><td>Skill
(기술)</td><td>TIP 직무를 수행하는데 필요한 기술 및 역량, 직무관련 경험</td></tr>
<tr><td>Attitude
(태도)</td><td>TIP 직무를 수행하는데 필요한 태도, 자세, 자질</td></tr>
<tr><td>현직자가
말하는
직무이야기</td><td colspan="2"></td></tr>
</table>

단원평가

문제 1. 다음 중 직무에 대하여 틀린 설명은?

① 직무는 상품이나 서비스를 창출하기 위한 생산적인 활동이다.
② 직무는 조직의 목적 아래 통합된다.
③ 직업인들은 자신의 직무를 자유롭게 선택할 수 있다.
④ 직무에 따라 다른 직무와의 독립성의 정도가 다르다.

정답 ③ 직업인들은 자신의 업무를 자유롭게 선택할 수 있다.

(설명) 조직에서 직무는 상품이나 서비스를 창출하기 위한 생산적인 활동으로 조직의 전체 체제 내에서 이해하는 것이 중요하다. 따라서 직무는 조직의 목적 아래 통합되며, 직업인들은 자신의 직무를 자유롭게 선택하기보다 주어지게 된다. 직무는 요구되는 지식, 기술, 도구가 다양하고 독립성, 자율성, 재량권의 정도도 각기 다르다.

참고문헌

국가직무능력표준 홈페이지(www.ncs.go.kr).
기초직업능력프로그램 교수자용 매뉴얼. 조직이해능력.
김광점 외(2007). 조직 이론과 실제. 한경사.
김영래(2006). 글로벌 경영. 법문사.
박우순(2006). 조직생활의 이해. 도서출판 금정.
삼육대학교(2019). 인생설계와 진로. 엘리트코리아.
워크넷(www.work.go.kr).
채희원 외(2018). 직업기초능력 개발과 응용. 한국폴리텍대학.
커리어넷(www.career.go.kr).

CHAPTER 10

실행이 답이다. '커리어로드맵'

학 | 습 | 개 | 요

- 성공하는 직업인으로 성장하기 위해서는 자신의 능력, 적성, 특성 등을 이해하고 목표성취를 위해 스스로를 관리하며 개발해 나가는 것이 중요하다. 대학생활 및 직장생활에 있어 지속적으로 능력 및 경력을 개발하기 위하여 목표설정을 하는 것은 실행능력을 키울 수 있다.
- 이 단원에서는 자신의 경력단계유형을 확인 하고 커리어로드맵 작성을 통하여 대학생활의 계획을 세워 사회에서 요구하는 역량을 가진 인재가 되기 위한 기초를 마련해 본다.

학 | 습 | 목 | 표

1. 경력개발의 중요성을 이해한다.
2. 자신의 목표를 설정하고 경력개발 계획을 수립한다.

읽을거리

성공의 3% 법칙

혹시 '성공의 3% 법칙'을 들어본 적이 있는가?

1953년 미국의 예일대 졸업생들을 대상으로 삶의 목표에 대한 조사를 한 적이 있다.

'당신은 인생의 구체적인 목표와 계획을 글로 써 놓은 것이 있습니까'라는 질문을 던졌는데, 졸업생 중, 단 3%만이 인생의 구체적인 목표와 계획을 글로 써놓았다고 답했다.

나머지 97%는 그저 생각만 하거나 아니면 아예 목표가 없는 경우였다.

20년이 지난 1973년, 그때의 학생 중 생존자들을 대상으로 경제적인 부유함을 조사했다.

놀랍게도 졸업할 당시 구체적인 목표가 있다는 3%의 졸업생들이

나머지 97%의 졸업생들보다 훨씬 더 많은 부를 가지고 있었다.

예일대 조사 이후 하버드 경영대학원에서도 비슷한 연구가 수행됐다.

1979년 하버드 MBA과정 졸업생 중 3%는 자신의 목표와 그것을 달성하기 위한 계획을 세웠다. 13%는 목표는 있었지만 기록하지 않았고, 나머지 84%는 목표조차 없었다.

평균 2배의 수입을 올리고 있었다.

뚜렷한 목표를 가진 3%는 나머지 97%보다 무려 평균 10배의 수입을 올린 것으로 조사됐다.

이 조사를 통해 목표를 설정하는 것 뿐만 아니라 그것을 구체적으로 글로 표현해서 가시적으로 나타내 보이는 것 또한 중요함을 알 수 있다.

자료: 조선일보(2014). 맛있는 공부-브런치 에듀.

생각해보기

- 목표달성을 위하여 계획을 세우며 실행에 옮기고 있나요?

1. 경력개발의 이해

1) 경력개발의 의미

경력개발은 개인이 경력목표와 전략을 수립하고 실행하며 피드백하는 과정으로, 개인은 한 조직의 구성원으로서 조직과 함께 상호작용하며 자신의 경력을 개발해 나간다. 자신과 상황을 인식하고 경력관련 목표를 설정하여 그 목표를 달성하기 위한 과정인 경력계획과, 이에 따라서 계획을 준비하고 실행하며 피드백하는 경력관리로 나뉜다. 경력관리는 규칙적으로 지속적으로 이루어져야 한다. 잘못된 정보나 이에 대한 이해가 부족하여 경력목표를 잘못 설정하는 경우가 있으므로 계속적이고 적극적인 경력관리를 통해 이를 수정해 나가야 하며, 환경의 변화에 따라 새로운 미션을 수립하고 새로운 경력이동 경로를 만들어 나갈 필요성을 가지고 대학생활 동의 경력개발을 해야 한다.

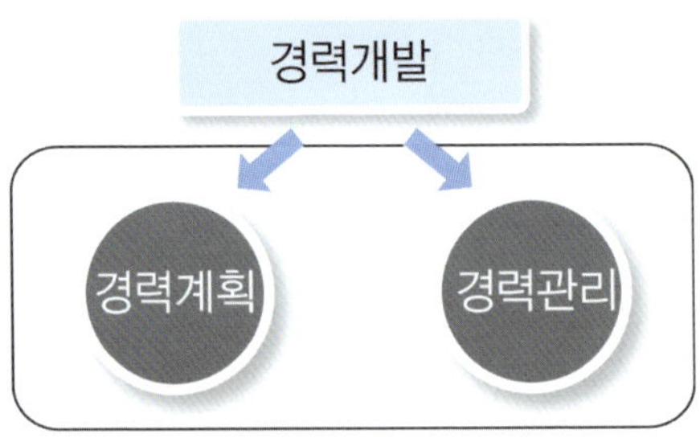

그림 10-1 경력개발의 구분

2) 경력개발의 필요성

현대사회의 지식정보는 매우 빠른 속도로 변화하고 있다. 이는 개인이 속한 조직과 일에 영향을 미친다. 또한 우리를 둘러싼 주변의 환경은 끊임없이 바뀌고 있을 뿐만 아니라 개인적으로도 발달단계에 따라 일에 대한 가치관과 신념 등이 바뀌게 되며 목표도 변화된다. 따라서 개인의 진로에 대하여 단계적 목표를 성정하고 목표 성취에 필요한 능력을 개발해 나가는 것은 무엇보다도 중요한다.

활동 1

경력개발 롤 모델 찾아보기

주변이나 유명인 중에 경력개발을 잘 해온 사람을 찾아보고 그들의 이야기를 통해 배울 점을 찾아보자.

〈제과 명장 김영모〉

가정이 불우했던 김영모는 집을 나와 거친 생활을 하며 걸핏하면 주먹을 휘두르고 싸움에 끼어들었다. 그러다 보니 소년원에도 가게 되었고 몸이 상해 결핵으로 죽다 살아난 적도 있었다. 결핵으로 생사의 기로를 헤매면서 5개월간 절에서 요양을 했는데, 이곳에서 그는 막 살아온 지난날을 반성하고 새 삶을 살겠노라고 다짐했다. 무엇보다 정말 빵이 만들고 싶었다.

다행히 다시 건강을 되찾은 김영모는 규모가 꽤 큰 빵집에 취직할 수 있었다. 다시 빵을 만들게 된 것이 너무 신 나서 모두 퇴근한 밤에도 열심히 장미꽃 짜는 연습을 했다. 당시엔 케이크를 장식하는 꽃 모양을 직접 버터크림을 짜서 만들었는데, 여기에는 고도의 기술이 필요해서 공장장이나 부공장장 정도는 되어야 이 일을 할 수 있었다. 이런 성실함을 인정받아 불과 스물한 살에 전격적으로 공장장으로 승진하는 행운도 누렸다. 하지만 일이 잘 되어 갈 무렵 군대에 가야 한다는 영장이 날아들었다.

어쩔 수 없이 군대에 왔지만, 군 복무 동안 기술이 녹슬 걸 생각하니 김영모는 착잡하기만 했다. 그러다 정말 우연히 내무반에서 다 해진 채 굴러다니던 책을 읽게 됐다. 그 책의 저자는 지금 불행하다고 느낀다면 최악의 상황을 생각해 본 후, 그것을 받아들이고 개선할 방법을 찾으라고 말했다. 그가 생각한 최악의 모습은 제대 후, 손이 굳어져 일도 못하고 술과 담배에 절어 인생을 망치는 것이었다. 이후 그는 술, 담배도 단칼에 끊고 서울의 친구들에게 제과 · 제빵 책을 보내 달라고 부탁했다. 그리고 군대에서도 손 감각을 잃지 않기 위해 부단히 노력했다. 김영모는 그 책을 읽고 큰 깨달음을 얻은 후, 독서에 흥미를 갖는다. 김영모의 최종 학력은 비록 고등학교 중퇴지만 책을 읽는 습관은 그에게 자신감을 줬고, 괜한 학력 콤플렉스로부터 자유롭게 해 주었다. 책 속에는 학교에서는 결코 배울 수 없는 실용적인 지식도, 삶의 지혜도 모두 들어 있었다. 빵과 책, 이 두 가지가 그를 살렸다.

군대에서 새사람이 되어 제대한 뒤, 김영모는 선택의 갈림길에 섰다. 그의 기술 정도면 무난히 제빵 공장의 상급 기술자로 취직할 수 있었지만, 그보다는 한국 최고의 장인이 있는 곳에서 가르침을 받고 싶었다. 그의 목표는 한국 최고의 제과 기능인이 되는 것이었기 때문이다. 김영모는 동경 제과 학교로 유학을 다녀와 최고로 손꼽히던 공장장이 있는 P 제과점에 취직한다. 잘나가던 P 제과점에서도 김영모는 특유의 기술과 성실성으로 9개월 만에 부공장장으로 승진하는 파란을 일으켰다. 결혼 후에는 무교동에 있던 보리수 제과점의 공장장으로 스카우트되었다.

1982년에는 지독하게 아껴서 모은 돈 3,000만 원을 가지고 직접 빵집을 차리기로 마음먹었다. 빵집 이름을 생각해 보니, 머릿속에 떠오르는 이름은 단 하나, 김영모 과자점뿐. 멋있어 보이는 외국어를 쓰지도 않은, 다소 투박하고 촌스러운 간판이었지만 이것은 탁월한 선택이었다. 자기 이름을 내건 이 간판 때문에 그는 작은 것에도 소홀할 수 없었다. 가게에 내놓는 빵이 조금이라도 잘못되면 곧 자기 이름에 먹칠하는 일이 되기 때문이다. 자기의 모든 것을 걸고 최고의 빵을 만들겠다는 그의 다짐은 김영모 과자점의 모토이기도 했다. 손님들도 그의 이름을 믿고 가게를 찾아왔다.

서울 서초동의 아파트 상가에 소자본으로 연 6평짜리 김영모 과자점이 거대 프랜차이즈 제과점에 맞선 생존 전략은 간단했다. '빵을 맛있게 만든다'가 그 전부였다. 하루 네 번씩 신선한 빵을 내놓겠다며 몸이 부서져라 빵을 구워 댄 그의 정성이 통했는지 이상하게 장사가 잘됐다. 결국 근처 프랜차이즈 빵집이 문을 닫는 믿지 못할 일이 생겼다. 이후에도 몇 번이나 프랜차이즈 빵집이 들어왔지만 번번이 김영모 과자점 앞에서 맥을 못 추었다. 고객이 빵을 선택하는 기준은 맛과 품질이라고 믿으며 정성껏 빵을 구운 그의 신념이 결국 통했던 것이다. 서초동의 작은 동네 빵집, 김영모 과자점은 어느덧 프랜차이즈 빵집 잡는 제과점으로 유명해졌다.

제과 명장의 위치에 오를 정도면 빵에 대해서는 도사일 텐데도, 김영모의 배움에 대한 열정은 끝이 없다. 빵의 명인으로 대접 받는 지금도 프랑스를 비롯한 유럽의 유명 제과점을 쫓아다니며 노하우를 배우고 제과 · 제빵과 관련된 각종 행사에 빠짐없이 참석한다.

김영모는 제과 명장인 동시에 수많은 직원들의 생계가 달린 빵집을 경영하는 CEO이기도 하다. CEO로서 그는 빵의 적당한 생산량을 정하고, 유행에 맞는 신제품을 개발하는 일도 소홀히 하지 않는다. 또 고객의 정보를 데이터베이스로 만들어 맞춤식 쿠폰을 제공하고, 시식 행사에 초대하는 마케팅 기법을 도입하기도 했다.

자료: 꿈 찾는 십대를 위한 직업멘토, 박소정 저, 꿈결출판사.

2. 커리어로드맵 작성 방법(경력개발 계획 세우기)

꿈의 실현과 목표달성은 효과적인 계획설정과 실행력에 달려있다고 해도 과언이 아닐 것이다.

1단계로 <진로돋보기> 6장부터 8장까지 흥미·성격·적성에 대한 진단을 통해 자기분석을 해 보았다. 2단계는 '하고 싶은 일', '잘 할 수 있는 일'에 대한 진로목표설정, 3단계는 자신의 목표에 맞춘 직업정보를 분석하여 진로목표별 핵심역량을 키워 성공적인 직업인이 되기 위한 것이다. '하고 싶은 일'에 대한 목표를 명확히 하고, 언제·어떻게 할 것인지에 대하여 계획을 세워서 준비한다면, 계획을 실행으로 옮길 수 있는 명확한 시발점이 될 수 있다. 현재 계획하고 있는 경력관리 분야의 효율성과 성취도를 위해 구체적인 계획서를 작성해 보고, 어떻게 행동에 옮길 것인지에 대해 고민해 보자.

1) 커리어로드맵 1 Step : 자기이해 정리

진로설계의 1단계는 자기에 대한 이해에서 출발한다. <진로돋보기> 6장부터 8장까지의 흥미·성격·적성에 대한 진단내용을 바탕으로 나의 지난 경험을 정리해 보자.

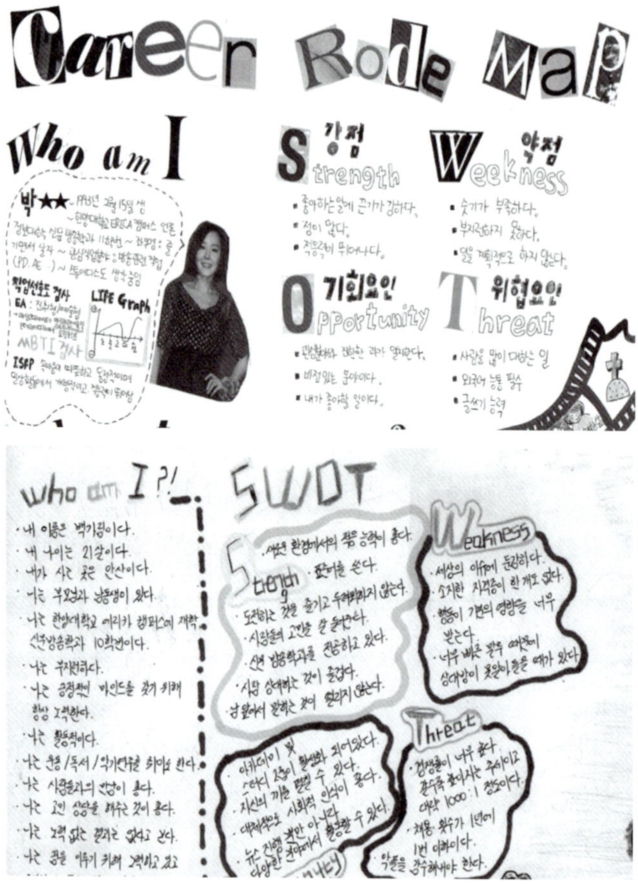

그림 10-2 자기이해 SWOT 기법

2) 커리어로드맵 2Step : '하고싶은일 = 잘 할 수 있는 일' 진로 목표 설정하기

진로설계의 2단계는 '하고 싶은 일', '잘 할 수 있는 일'에 대한 진로목표설정이다. 9장 K(지식)S(기술)A(태도) 직무세우기의 [활동]에서 입사희망기업의 조직도에서 '하고 싶은 일'에 대한 목표를 정리해 보았다. 정리내용을 바탕으로 향후 사회진출 시 '하고싶은일 =잘 할 수 있는 일'에 대한 목표를 명확히 설정해 보자.

3) 커리어로드맵 3Step : 분야별 교내·외 활동 정리

경력개발을 위하여 분야별(공모전, 자격증, 기업체험, 인턴십) 교내·외 활동을 SMART기법을 활용하여 구체적으로 계획을 세워 정리해 보자. 목표를 기술하는 방법으로 <그림 10-3>와 같은 SMART기법을 활용한다. 과정중심을 목표를 세울 경우 구체적으로 측정 가능한 목표를 세우기 어려울 수도 있지만 초보자들이 효과적으로 '목표세우기 → 실행 → 결과확인 및 수정'을 하기 위해서는 가급적 결과 중심의 목표를 설정하는 것을 추천한다.

"Smart phone, Smart TV…. SMART가 대세인 시대에…
목표 수립도 SMART 하게"

SMART 기법
실천행동이 뒤따르지 않는 뜬구름 잡는 식의 목표, 추상적인 계획은 소용 없다.
SMART 기법은 목표의 달성 가능성과 구체성을 높여준다.

Specific 특정적·구체적
- 구체적이고 확실한 것이어야 한다.
- 예) 운동이나 해볼까? (X), 매일 저녁 7시에 학교운동장에서 10km를 달릴 것이다. (○)

Measurable 측정가능
- 수시로 측정이 가능해야 한다.
- 예) 살을 뺄 것이다. (X), 1개월에 1kg 감량해서 5개월 후에는 5kg을 감량한다. (○)

Action-oriented 행동중심
- 행동 - 실천을 전제로 해야 한다.
- 예) 친절한 사람이 된다. (X).
  지금껏 인사하지 않았던 이웃들에게 매일 한번 이상 미소 띤 얼굴로 인사한다. (○)

Realistic 현실적
- 자신의 능력, 시기 등을 고려할 때 현실적인 것이어야 한다.
- 예) TOEIC 만점을 받겠다. (X), 2개월 내에 TOEIC 점수를 200점 향상시킨다. (○)

Time-limited
- 일의 마감시간을 정하는 것은 목표달성어도 도움이 된다.
- 예) 올해는 담배를 끊겠다. (X), 오늘 하루는 담배를 피지 않겠다. (○)

자료: 삼육대학교(2019). 인생설계와 진로. 엘리트코리아.

그림 10-3 SMART기법

활동 2

경력개발 분야별(공모전, 자격증, 사회봉사, 현장실습) 교내·외 활동정리

분야별	활동명 (프로그램명)	달성시기	계획
외국어능력	토익	3학년 1학기까지	시작 : 1학년 2학기, 최종목표 900점
	토익 스피킹	4학년 1학기까지	시작: 3학년1학기, 최종목표 레벨 8
자격증			
장학금			
현장실습			
사회봉사			
교내 비교과 프로그램			
교외 프로그램			

학년별 경력개발 정리하기

위의 정리 된 내용을 학년별로 정리해 보자.

	1학년	2학년	3학년	4학년
1학기				
하계 방학				

	1학년	2학년	3학년	4학년
2학기				
동계 방학				

4) 커리어로드맵 4Step : 종합 정리하기

1Step~3Step의 정리된 내용을 바탕으로 커리어로드맵을 그려보자.

활동 3

커리어로드맵

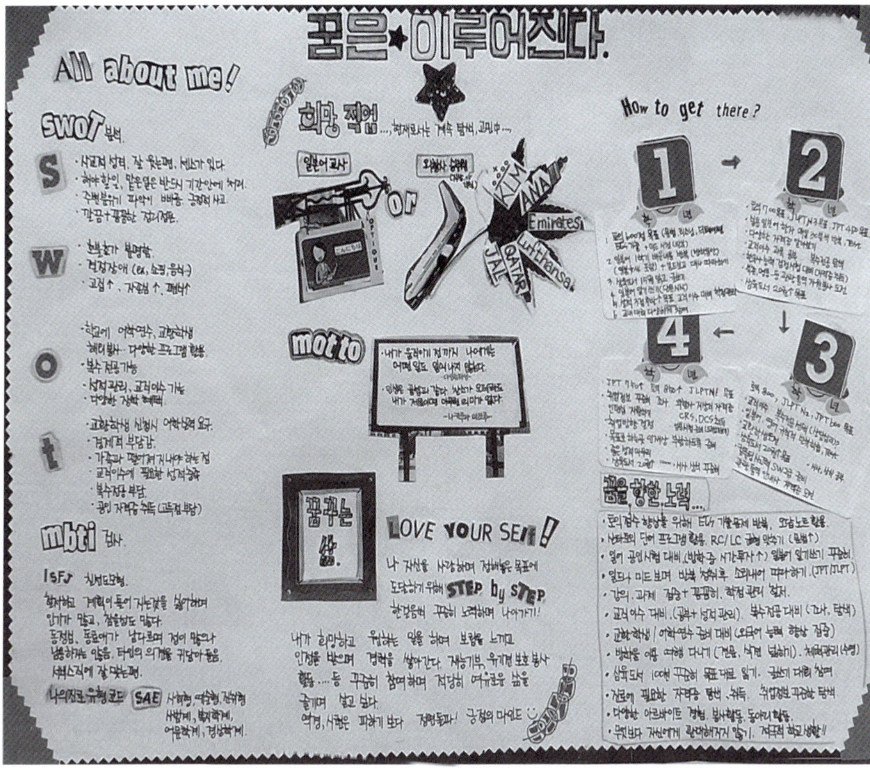
꿈은★이루어진다.
All about me!
SWOT 분석
motto
mbti 검사
ISFJ
희망 직업
일본어 교사
or
KLM
ANA
Emirates
QATAR
JAL
Lufthansa
꿈꾸는 삶.
LOVE YOUR SELF!
STEP by STEP
How to get there?
1
2
3
4

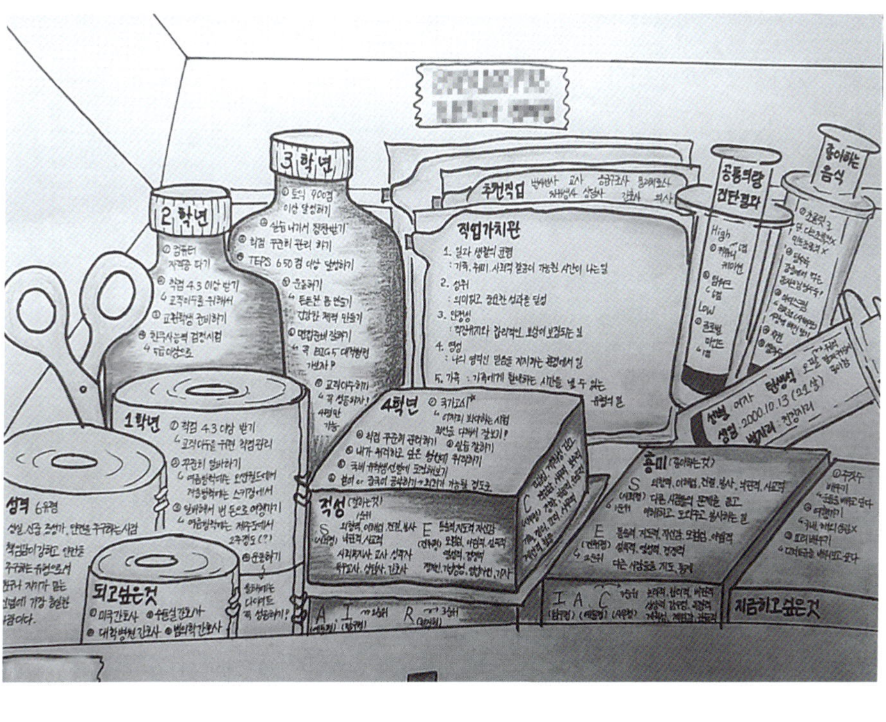
1학년
2학년
3학년
4학년
추천직업
직업가치관
공통역량 진단결과
좋아하는 음식
성격 6유형
적성(잘하는 것)
흥미(좋아하는 것)
되고싶은것
지금하고싶은것

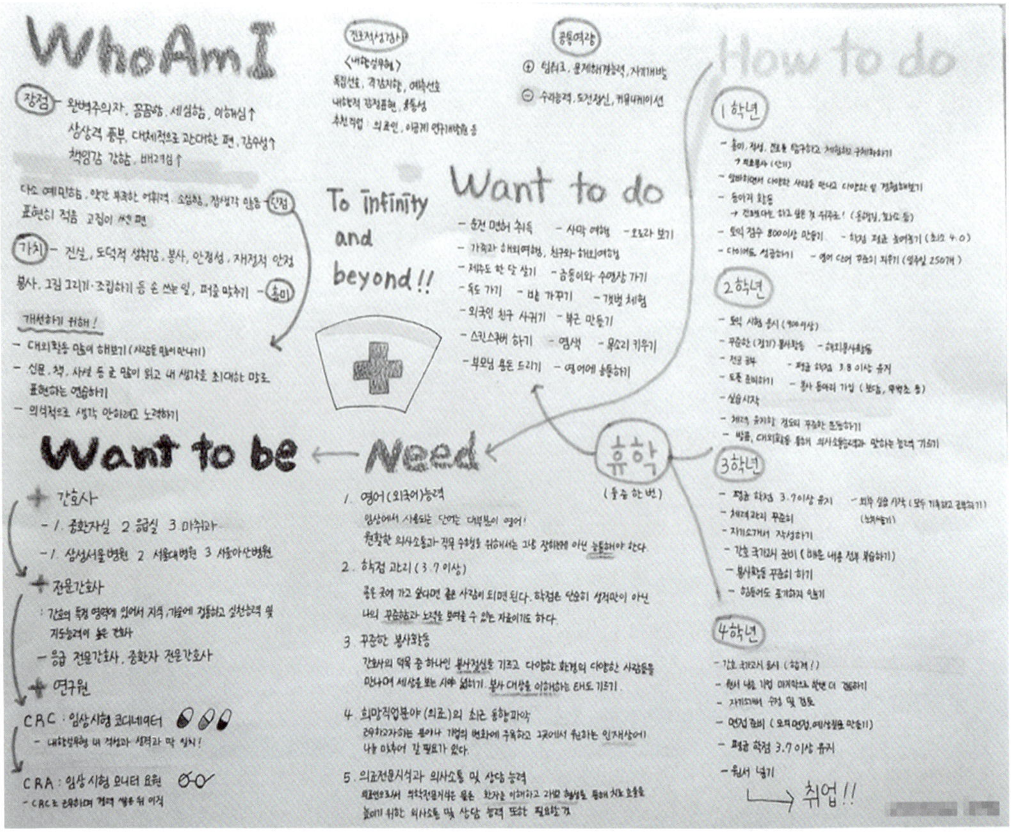
Who Am I
Want to do
How to do
To infinity and beyond!!
Want to be
Need
휴학
1학년
2학년
3학년
4학년
취업!!

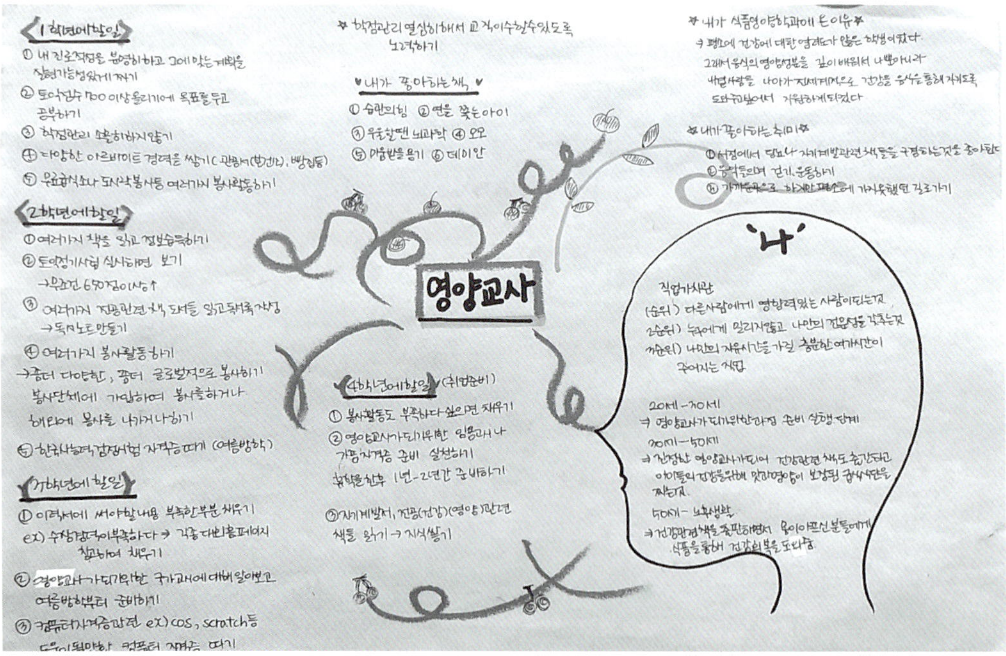
1학년에 할일
2학년에 할일
3학년에 할일
4학년에 할일
영양교사
'나'

단원평가

문제 1. 다음은 커리어로드맵 작성 단계이다. (　　　　)에 들어가야 할 내용은?

① 1단계 : (　　　　　　　　)
② 2단계 : '하고 싶은일 = 잘하고 싶은 일' 목표설정하기
③ 3단계 : 경력개발 분야별(공모전, 자격증, 기업체험, 인턴십) 교내·외 활동정리
④ 4단계 : 종합 정리하기

정답 자기이해 정리

참고문헌

삼육대학교(2019). 인생설계와 진로. 엘리트코리아.
채희원 외(2018). 직업기초능력 개발과 응용. 한국폴리텍대학.

PART 05

자기표현과 직장생활

CHAPTER 11

글쓰기와 책읽기

학 | 습 | 개 | 요

- 글에서 '구상'이란 어떤 재료를 어떤 순서로 써 나갈 것인지 생각하고 정리하는 것을 말하며, 구상을 정리하는 방법으로는 시간적 순서에 따른 것, 공간적 순서에 따른 것, 논리의 순서에 따른 것, 중요도나 흥미의 순서에 따른 것이 있다.
- 글짜기 작업을 하는 이유는 첫째, 글짜기는 글쓰기에 대한 부담을 덜어 준다. 둘째, 글짜기는 자신이 하고 싶은 내용을 빼놓지 않고 다 이야기할 수 있게 한다. 셋째, 글짜기는 글쓴이의 논리를 잘 드러낼 수 있게 한다.
- 책을 읽는 7가지 방법으로는 첫째, 책 읽기 시간을 자동이체하라, 둘째, 환경을 통제하라, 셋째, 출퇴근(등하교) 시간을 활용하자, 넷째, 항상 책을 가지고 다니자, 다섯째, 책과의 우연한 만남을 즐겨라, 여섯째, 읽기를 게임처럼 재밌게, 일곱째, 보기 싫은 책은 읽지 마라! 등이 있다.
- 이 단원에서는 글쓰기의 초기단계인 글짜기를 해 보며, 자신에게 가장 적합한 책읽기 방법을 이해하고 활용하도록 하고자 한다.

학 | 습 | 목 | 표

1. 글쓰기에서 글 구상의 여러 방법을 이해한다.
2. 글짜기 순서에 따라 실제로 글짜기를 할 수 있다.
3. 책을 읽는 7가지 방법을 이해하고 자신에게 가장 적용하기 쉬운 방법을 활용하여 책읽기를 한다.

읽을거리

워런 버핏이 아직 초등학교도 입학하기 전 그의 집 거실에는 주식 관련 책들이 여기저기 널려 있었다. 버핏의 아버지가 주식 중개인이었기 때문이다. 꼬마 버핏은 그 책들을 집어 들고 읽기 시작했다. 아버지는 그런 버핏을 말리지 않았다. 숫자, 통계, 확률이 세상에서 가장 재미있었던 버핏에게 주식은 신기한 마법 세상이었다. 버핏은 책에 나온 것처럼 주가의 오르고 내림을 차트로 만들어 보기도 했다.

어느 날 버핏은 벤슨 도서관에서 마음에 쏙 드는 책을 발견했다. 『1,000달러를 버는 1,000가지 방법』이라는 책 제목부터 버핏의 시선을 끌어당겼다. 그는 망설임 없이 그 책을 집어 읽기 시작했다. 버핏은 그 책에서 '복리'라는 개념을 새로 알았다. 비록 처음에는 적은 돈이지만 일정 비율로 이자가 붙어 오랜 시간 동안 계속 늘어나면 아주 큰 돈이 될 수 있다는 것이다. 이는 버핏의 투자 인생에 큰 영향을 미쳤다. 버핏의 보물이 된 그 책에서 눈에 띄는 구절이 있었다. '일단 시작하지 않으면 절대 성공할 수 없다. 시작하지 않으면 결과는 없다. 스스로 시작하지 않고 부자가 되기를 기다려서는 안 된다.'

이 구절을 보면서 버핏은 정식으로 주식을 하겠다고 결정하고 실제로 투자를 시작한다. 버핏은 그때부터 책을 읽고 생각하거나 분석하는 습관이 생기기 시작했다. 더불어 신문 읽는 습관도 자리 잡게 됐다. 덕분에 버핏은 열여섯 살이 되었을 때 이미 경제와 주식 관련 책을 수백 권 독파했다. 이후에도 이 습관은 지속되었는데 스스로 보통 사람의 5배 정도 더 읽는다고 할 정도로 독서 능력을 키웠다.

자료: 정형권(2018). 창의와 융합시대 10대를 위한 몰입 공부법. 경기: 주식회사 성안당.

생각해보기

1. 워런 버핏이 책읽기에 관심을 갖게 된 것은 어떤 계기에서부터 인가요?
2. 나의 인생에 큰 영향을 미친 책이 있다면 어떤 책이며, 그 책에 나오는 글귀를 기억해보자.

1. 글쓰기-구상하기

집을 짓기 전에 설계도를 짠 뒤 공사에 들어가듯 글을 쓸 때도 구상을 가다듬고 글의 전체 윤곽을 머릿속으로 미리 그려봐야 한다. 특히 글쓰기에 익숙하지 않은 사람은 구상을 가다듬은 뒤 개요를 작성해 보는 것이 많은 도움이 된다. 평소에 글을 잘 쓰는 사람이라도 개요를 짠 뒤 써야 체계적이고 효과적으로 서술할 수 있다.

글에서 '구상'이란 어떤 재료를 어떤 순서로 써 나갈 것인지 생각하고 정리하는 것을 말한다(배상복, 2010). 전체적으로 구상이 신통치 않은 작품이나 내용과 동떨어진 구상으로 쓰인 글은 문장이 뛰어나더라도 호소력이나 설득력이 약하게 마련이다. 구상을 정리하는 방법으로는 시간적 순서에 따른 것, 공간적 순서에 따른 것이 있다. 또 논리의 순서에 따른 것, 중요도나 흥미의 순서에 따른 것이 있다.

1) 시간이나 경험의 순서대로

기행문, 르포, 체험담, 역사서 등은 사건이나 현상이 발생한 순서 또는 경험한 순서대로 써 나가는 것이 쉽고, 읽기도 편하다. 보통의 이야기도 대개 시간적 순서대로 쓰이고 있다.

> 비행기를 타고 네팔로 향하는 길은 너무나 지루했다. 저녁 늦게 네팔에 도착하자 현지 대행사 직원들과 대사관 직원이 마중 나와 반겨 주었다. 다음날은 식량과 장비 구입으로 모두들 바쁘게 움직였다. 30일 저녁 6시쯤 헬기를 타고 카트만두에서 포카라까지 이동했다. 베이스캠프까지 하루에 바로 가기는 힘든 거리라 포카라에서 하루 쉬고 다음날 이동하기로 했다. 31일 8시쯤 헬기에서 내린 곳은 투쿠체. 양쪽으로 높고 높은 봉우리들과 산맥으로 둘러싸여 있다. 투쿠체에서 1박하고 다음날은 고소 적응차 야크카르카(3750m)를 오르내렸다.
>
> 자료: 배상복(2010). 일반인을 위한 글쓰기 정석. 서울: 경향미디어.

2) 공간적 순서에 따라

기록, 관찰, 사건보도, 사건설명서 등은 공간적 순서에 따르는 것이 이해가 빠르다. 어떤 시점에서 보아 대상이 위치해 있는 순서에 따라 써 나간다.

> 고개 넘어 남대리에는 남대천이라고 불리는 개울이 하나 흐른다. 백두대간상의 선달산(1236m)에서 발원한 이 개울은 남한강의 최상류다. 남대리에서 남대천을 따라 3km쯤 가면 행정구역이 바뀌어 충북 단양군 영춘면 의풍리가 되며 의풍에서 노루목이라는 작은 고개를 하나 넘으면 행정구역이 또 달라져 강원도 영월군 하동면이다. 옛적에는 영월군 하동면과 단양군 영춘면에서도 마구령을 넘어 부석장에 오곤 했다. 장꾼이 많다 보니 남대리쪽의 고개 초입에는 주막도 많았다.
>
> 자료: 배상복(2010). 일반인을 위한 글쓰기 정석. 서울: 경향미디어.

3) 논리의 순서에 따라

(1) 문제해결의 순서대로

문제해결의 순서대로 정리하는 방법으로는 현상 → 결과, 결과 → 원인의 순서대로 쓰는 글이 대표적이다. 어떤 현상이나 사실에 대해 설명하고 그 결과로서 이러이러한 현상과 사실이 생겼다고 서술하거나, 우선 현상을 서술하고 나서 그것이 어떠한 원인에 의해 발생했는지 설명하는 방법이다.

문제해결식 유형의 가장 흔한 형태는 현상 → 원인 → 순으로 써 나가는 것이다. 우선 현상을 설명한 뒤 그것이 어떠한 원인에 의해 발생했는지 설명하고 그에 대한 해결책을 제시하는 방식이다.

(2) 연역적 방법

원칙이나 원리를 먼저 설명하고 구체적 사실을 이끌어내는 방법으로 가장 전형적인 삼단 논법이다.

동물은 죽는다(대전제).
사람도 동물이다(소전제).
→결국 사람도 죽는다(결론).

(3) 귀납적 방법

구체적 사실이나 현상을 소개하고 공통되는 성질이나 특징, 법칙을 설명해 나가는 방법이다.

나는 운동을 좋아한다.
철수는 등산을 좋아한다.
→ 사람마다 취미가 다르다.

(4) 변증법적 방법

먼저 어떤 생각을 내세운 다음 그것에 반대되는 생각을 제시하고, 둘을 종합한 제3의 결론을 내리는 방법으로 '정(正) → 반(反) → 합(合)'이 논리의 기본 모형이다.

정: 문제에 대한 일정한 관점 호소
*북한을 개혁·개방으로 이끌어 내고 통일에 대비하기 위해서는 지원이 반드시 필요하다.

반: 장의 주장과 반대되는 논리 도입
*북한을 지원해 봐야 현 체제만 유지시키고 변화가 없으므로 지원하지 말아야 한다.

합: 정과 반의 모순 극복
*북한을 지원하되 원하는 효과를 거두기 위해서는 물자가 필요한 곳에 정확하게 전달되는지 확인하고, 반대급부를 확실하게 요구해 관철해야 한다.

4) 중요도나 흥미도 순에 따라

많은 사람에게 읽히는 글이라면 독자의 편의에 따른 중요도나 흥미도 순으로 정리하는 것이 좋다. 일반적으로 중요도가 낮은 것부터 높은 것으로 써 나가지만(삼각형), 보도문(기사), 비즈니스(제안서, 보고서) 등은 중요도가 높은 것부터 낮은 것으로 써 나간다(역삼각형).

> 직업을 선택할 때 우선적으로 고려해야 할 사항은 선택하고자 하는 직업과 저기 적성이 일치하는가다. 자신의 적성에 맞는 직업에 종사할 때만이 만족감과 행복감을 느끼게 되며 자아실현에 더욱 다가설 수 있다. 적성에 맞지 않는 직업을 선택할 경우 도중에 그만두기 십상이다. 직업선택의 또 하나 중요한 요소는 장래성이다. 현대사회처럼 변화 속도가 빠른 사회에서는 직업의 장래성, 즉 그 직업의 장기적 전망을 살펴봐야 한다. 자신이 오래 몸담을 수 있는 직업이나 평생직업을 선택해야 한다. 직업선택에서 직장의 안정성도 빼놓을 수 없다. 직장의 전망이 불투명한 상태에서 일시적인 방편으로 직업을 선택하기보다 평생 안정된 직장생활을 할 수 있는 직업을 선택하는 것이 중요하다.
>
> –중요도에 따라 쓴 글
>
> 자료: 배상복(2010). 일반인을 위한 글쓰기 정석. 서울: 경향미디어.

2. 실제 글쓰기 단계 따라가 보기

글쓰기 단계는 글쓰기 구상과 실제 작성이라는 두 단계로 나눌 수 있다. 조금 더 구체적으로 들어가 볼 수 있는데, 글쓰기 구상단계에서는 (1) 글의 목적 이해, (2) 자료조사 및 선택, (3) 글짜기(개요, 구조, 목차)를 생각해볼 수 있으며, 실제 작성 단계에서는 글짜기 내용을 바탕으로 한 (4) 글쓰기, (5) 고쳐 쓰기를 생각해볼 수 있다(김기남 외, 2013).

글짜기 작업을 하는 이유에 대하여 김기남 외(2013)는 다음의 3가지로 말하고 있다. 첫째, 글짜기는 글쓰기에 대한 부담을 덜어 준다. 둘째, 글짜기는 자신이 하고 싶은 내용을 빼놓지 않고 다 이야기할 수 있게 한다. 셋째, 글짜기는 글쓴이의 논리를 잘 드러낼 수 있게 한다.

모든 글은 머리와 몸통, 꼬리로 구성된다고 할 수 있다. 서론, 본론, 결론으로 과정을 얘기하기도 하지만 3단 구성을 기본으로 한다.

서론	⇨	왜 이 글을 쓰게 되었는가? 이 문제는 나와 독자에게 왜 중요한가? 나는 앞으로 무엇을 이야기할 것인가?
본론	⇨	나는 이 문제를 어떻게 생각하는가? 그 이유는 무엇이고, 어떤 근거를 댈 수 있는가? 이 문제를 어떻게 해결할 수 있는가? 해결방법을 내세운 근거는 무엇인가? (주장과 근거, 원인과 결과 등)
결론	⇨	지금까지 나는 어떤 내용을 이야기했는가? 어떤 방법을 제시했는가? 이 방법을 따랐을 때 어떤 결과를 기대할 수 있는가? 내가 생각한 해결방법의 아쉬운 점이 있는가?

그림 11-1 글의 구성

3. 책읽기

> "당신에게 가장 필요한 책은 당신으로 하여금 가장 많이 생각하게 하는 책이다." (마크 트웨인)
> "The man who does not read has no advantage over the man who cannot read." (Mark Twain)

문화체육관광부의 국민독서실태조사 결과에 따르면 2017년 독서량이 조사 이래 최저치를 기록한 것으로 나타났다. 매일 책읽기를 실천한 사람의 경우 영국은 32.6%, 아일랜드는 31%, 독일은 26.9%에 달했지만 한국은 8.4%로 OECD 국가 평균인 20.2%에도 한참 못 미치는 수준이다. 다음은 전문가가 추천하는 '독서를 생활화하려는 당신에게 추천하는 책읽기의 7가지 방법'이다(신정철, 2017).

새해가 되면 금연이라든지 체중감량이라든지 새해 계획 많이들 세우시죠? 혹시 새해 목표를 책 읽기로 정하신 분 계신가요? '어떻게든 책을 많이 읽고 싶다'는 분이라면 제 지난 경험이 도움 될지도 모르겠습니다. 책과 함께 더 보람차고 행복한 한 해 되시길 바랍니다.

저는 '1만 페이지 독서력'이라는 책을 읽었습니다. 제목 그대로 1년 동안 1만 페이지의 독서를 해보자는 책이지요. 1만 페이지라고 하니 엄청난 것 같지만 하루 27페이지 정도만 꾸준히 읽으면 달성할 수 있는 목표입니다. 책 한 권을 대략 300페이지라고 하면 33권 정도입니다. 물론 하루 27페이지도 꾸준히 읽기가 쉽지만은 않습니다.

책을 읽고 저도 1만 페이지 독서에 바로 도전을 해보았지만 첫 번째 시도는 실패로 돌아가고 말았습니다. 책 읽기 시간을 매일 꾸준히 마련하는 게 쉽지 않더라고요. 처음에는 점심시간에 식사하고 남은 시간 책을 좀 읽었는데 나중에 업무가 바빠지고 마음에 여유가 없으니 그냥 웹서핑하거나 쉬게 돼버렸습니다. 퇴근하고 집에 가서도 아이와 놀고 집안일도 하다 보면 집에서 책 읽을 시간을 낸다는 것도 어렵고요. 직장인이고 기혼자에 어린아이까지 있다면 거의 다 비슷한 상황이 아닐까 생각이 듭니다.

첫 번째 시도에 실패한 뒤 다음 해에 또다시 '1만 페이지 독서'를 새해 목표로 잡고 도전해보았습니다. 그다음 해 새해가 되기 전에 1년 동안의 독서 일지를 정리해보니 접한 책 총 65권, 그중 다 읽지 못한 책 4권, 다 읽은 책 61권으로 페이지 수를 합하면 1만 9,051페이지였습니다. 애초 목표가 1만 페이지 독서였으니 목표 대비 거의 2배 정도를 달성한 셈이죠.

사실 읽은 책의 권수가 중요한 것은 아닙니다. 어떤 책은 하루 만에 다 읽고 어떤 책은 거진 2주에 걸쳐 정성 들여 읽기도 했기 때문이죠. 책 좀 읽으시는 분들은 사실 읽은 책의 숫자가 아무런 의미가 없다는 걸 아실 거예요. 책을 읽고 스스로에게 어떤 변화를 만들었느냐가 더 중요하죠.

그래도 독서 성과에 의미를 두자면 하루 평균 2시간 이상씩은 책 읽는 시간을 마련했다는 점입니다. 저는 이게 가장 큰 수확이었다고 생각합니다. 그러면 2012년 저의 독서 목표는 어떻게 달성할 수 있었을까요? 제가 직접 써보고 효과를 봤던 '어떻게든 책을 읽는 방법' 7가지를 소개 드립니다.

1) 책 읽기 시간을 자동이체하라

재테크에 대해 조금 관심이 있으신 분들은 통장 분리에 대해 들어보셨을 겁니다. 『4개의 통장』이라는 유명한 책도 있지요. 돈의 용도에 맞게 통장을 분리하고, 저축하기 위해서는 저축 통장에 돈을 월급이 들어오자마자 바로 자동이체 시키는 거죠.

돈을 쓰고 나서 남은 걸 저축하는 게 아니고, 쓰기 전에 미리 자동이체 시켜버려야 저축하기 쉽다는 말 들어보셨을 겁니다. 이 원리를 책 읽기에 적용합니다. 책 읽기에 가장 중요한 것이 책 읽는 시간을 확보하는 것입니다. 하루가 시작되면 가장 먼저 내 시간을 '독서 시간 통장'에 자동이체 시켜버리는 겁니다.

출근해서 업무를 시작하기 전에 독서 시간 통장에 1시간을 자동이체하세요. 회사 업무를 시작하고 나서, 퇴근하고 나서는 상황이 어떻게 될지 변동성이 너무 많습니다. 아무리 책을 읽고 싶어도 그날그날 바쁜 정도가 다르고, 약속이 갑자기 생길지도 모르기 때문에 책 읽기 시간을 고정적으로 꾸준하게 확보하기가 힘들어요. 그날 일을 시작하기 전 시간을 자동이체 해버리시는 게 가장 중요합니다.

저는 이 방법의 효과를 회사 덕분에 체험할 수 있었는데요. 회사 통근버스 시간이 일러서 통근버스 타고 출근하면 8시쯤 사무실에 도착합니다. 9시 업무 시작 전까지 항상 1시간 정도가 남고 그 시간을 책 읽기에 쓸 수 있었습니다. 이른 통근버스 시간 덕분에 하루의 시작을 무조건 책 읽기로 시작할 수 있었던 거죠. 처음에는 어려우시겠지만 올해 책 좀 읽어보시겠다는 분들께는 1시간 일찍 사무실에 출근하는 방법을 적극 추천드립니다.

일찍 일어나서 출근하기 전에 집에서 1시간 읽고 오는 것도 가능하겠지만, 사람마다 아침형이 있고 올빼미형이 있죠? 아침에 시간 내기가 어려우신 분은 저녁 식사 후나 밤, 새벽 등 자신에게 맞는 시간대로 책 읽기 시간을 정하셔도 됩니다. 이때도 항상 같은 시각에 고정적으로 책 읽기에 그 시간을 쓴다는 원칙을 세우셔야 합니다. 그런데 사무실에 더 일찍 출근해도 책 읽기가 잘 안 되는 경우 많죠? 저도 처음에 그랬거든요. 그래서 두 번째 방법이 필요합니다.

2) 환경을 통제하라

책을 읽으려고 사무실에 일찍 출근했습니다. 이제 어떤 일부터 시작하시나요? 노트북을 열어 켠 다음 부팅되기를 기다리겠죠? 컴퓨터가 켜지면 메일 체크부터 먼저하고, 웹서핑도 좀 하고, 페이스북이나 트위터 같은 SNS에도 한 번 들어가 보겠죠? 이러시면 안 됩니다!

사무실에 일찍 출근해서 책을 읽고 싶으시다면, 책 읽기에 맞게 환경을 통제할 필요가 있습니다. 가장 중요한 것이 컴퓨터를 켜지 않는 것입니다. 자리에 앉아 책을 폈다고 하더라도, 모니터 화면에 웹브라우저가 열려 있으면 책에 집중하기가 힘들어집니다. 중간중간 자꾸 딴짓하고 싶어지거든요.

페이스북 뉴스피드도 좀 보고 싶고, 자주 가는 커뮤니티 사이트도 들어가고 싶고, 포탈 뉴스에 뭐 떴나 자꾸 클릭하죠. 이러면 어느 순간 책장은 덮이고 한쪽 구석으로 밀려나요. 책을 읽을 때는 책상을 깨끗이 정리하고, 오로지 책만! 읽을 수 있는 환경을 만드세요.

3) 출퇴근(등하교) 시간을 활용하자

책 읽기 시간을 늘리는 데는 출퇴근(등하교) 시간의 활용이 필수적입니다. 출퇴근 시간에 각각 30분씩만 책을 읽는다고 하면, 아침 1시간과 합해 하루 2시간의 책 읽기 시간이 확보됩니다. 하루 2시간 책을 읽는다면 1주일에 한 권이 아니라 두 권 이상도 읽을 수가 있어요.

그런데 아침 출퇴근 시간에 지하철이 너무 붐벼서 책을 펼칠 공간도 없을 때가 많죠? 그래서 어쩔 수 없이 스마트폰만 들여다보게 되고요. 출퇴근 시간에 책을 보려면 어떻게 해야 할까요? 지하철이 붐비지 않는 시간에 출퇴근하시면 됩니다. 아침에 1시간 더 일찍 출근하면 지하철이 덜 붐비니 이 문제가 자동으로 해결됩니다. 퇴근할 때도 그날 일을 일찍 다 마쳐 칼퇴근하더라도 그때 나오면 지하철 버스가 너무 붐비니 사무실에서 좀 더 있다 나오는 겁니다. 그 시간에 또 책을 읽으면 책 읽기 시간을 더 확보할 수 있고요.

자가용으로 출퇴근하는 분들은 이런 혜택(?)을 입을 수가 없는데요. 그래서 제가 아는 분들 중에는 오디오북을 들으시는 분들도 있더군요. 출퇴근 시 스마트폰으로 하는 일, 생각해보면 그다지 생산적인 건 없어요. 지하철에서 습관적으로 스마트폰을 꺼내 들여다보는 대신 책을 잡아 보시면 어떨까요.

4) 항상 책을 가지고 다니자

책 읽기를 습관화하려면 틈이 날 때마다 책을 읽을 수 있도록 항상 책을 가지고 다니세요. 가방은 좀 무거워지겠지만 항상 책을 가지고 다니면 출장 중이나 모임 전 대기 시간이 생길 때 하는 일 없이 낭비되는 시간에 책을 읽을 수 있습니다.

책을 읽으려면 조용한 환경에서 충분한 시간이 있어야만 가능하다고 생각하는 분들이 많지만 일 중간중간 5분이나 10분 짧은 틈 동안에도 충분히 책을 읽을 수 있습니다. 고정된 책 읽기 시간 외에 틈이 날 때마다 짧게, 자주! 읽는 습관도 만들어 보세요. 이렇게 짬짬이 읽으면 글의 흐름이 끊어져 싫다는 분들도 있죠. 두 종류의 책을 가지고 다니면 좋아요. 무거운 책, 가벼운 책 두 종류를 준비. 시간이 충분할 때 정독할 책 한 권과 짬짬이 틈이 날 때마다 읽을 비교적 가벼운 책 한 권, 이렇게 두 권을 가지고 다니면 상황에 맞게 책을 읽을 수 있지요. 무거운 책은 회사에 놔두고 읽고, 얇은 책만 들고 다니면서 읽어도 좋고요.

5) 책과의 우연한 만남을 즐겨라

맨날 같은 사람들하고만 만나면 재미가 없죠. 처음 간 모임에서 우연히 다양한 사람들을 만날 때 신선한 자극도 생기고 흥미가 생기죠. 책도 마찬가지예요. 자신이 좋아하는 쪽의 책만 찾아 읽으면 지겨울 때가 있어요.

이럴 때는 책과의 우연한 만남을 가지세요. 도서관이나 서점, 학과 자료실 같은 곳을 정기적으로 방문하세요. 그곳에서 우연히 눈에 띄는 제목이 있으면 그 책과 만나는 거예요. 이렇게 하면 자신이 평소 안 읽던 종류의 책은 물론 의외로 좋은 책을 많이 만날 거예요. 우연이 던져주는 책과의 인연을 즐겨보세요.

저는 회사 자료실을 자주 이용해요. 온라인 서점이나 출판사 등에서 운영하는 서평단 활동도 한 번 지원해 보시면 재밌을 거예요. 저는 알라딘 신간 평가단을 1년 동안 했었는데, 매달 어떤 책이 배달되어 올까 기다리는 재미가 있더라고요. 그리고 서평단을 하면 리뷰를 꼭 써서 제출해야 하니 활동하는 동안 의무로라도 책을 많이 읽게 되고, 서평 쓰는 연습도 할 수 있는 장점이 있어요.

6) 책 읽기를 게임처럼 재밌게

2011년 8월, 다양한 정보기술에 관해 조사하는 리서치 자문회사 가트너(Gartner)가 주목할 만한 기술의 하나로 게이미피케이션(Gamification)이라는 개념을 소개했습니다. 게이미피케이션은 게임의 개념이나 디자인 기법 등의 요소를 게임 이외의 사회적 활동이나 서비스에 적용하는 것이라고 정의할 수 있는데요.

쉽게 말하면 게임의 요소를 활용해서 게임이 아닌 것을 게임처럼 재밌게 만드는 일입니다. 게임이 우리를 재밌게 만들고, 계속하게 만드는 데는 몇 가지 요소가 있습니다.

피드백: 어떻게 잘 하고 있는지 현재 상태를 바로바로 알려줍니다.
성 장: 주인공(플레이어)이 점차 성장하는 모습을 보여줌으로써 성취감을 느끼게 해줍니다.
보 상: 단계별로 적절한 보상을 주어 동기를 부여합니다.
경 쟁: 게임 속의 캐릭터나 다른 플레이어와 경쟁하게 함으로써 재미와 승부욕을 불러일으킵니다.
책 읽기를 게임화하려면 어떻게 하면 될까요?

어디서나 쓸 수 있는 에버노트에 작성한 독서 일지, 책을 한 권 읽을 때마다 책 제목, 저자, 페이지 수, 별점 평가 등을 간단히 기록해 현재 몇 권, 총 몇 페이지를 읽었는지, 지금까지 어떤 책들을 읽어왔는지 언제라도 체크할 수 있게 합니다. 독서 생활의 발전 정도를 스스로 확인할 수 있게 하는 거죠(피드백, 성장).

독서 일지 기록은 정말 꼭 하세요. 책 읽기 목표달성에 정말 효과적이에요. 저는 『1만 페이지 독서력』에 나오는 표를 엑셀로 만들어 봤어요. 엑셀로 양식을 만들어 쓰면 페이지 수 합계가 자동으로 계산되니 편해요. 이후 읽은 책 수, 아니면 책 읽은 날 수에 따라 보상을 줄 수도 있습니다. 스스로 자신에게 작은 선물을 해도 좋겠죠(보상)?

7) 보기 싫은 책은 읽지 마라!

읽다가 더 보기가 왠지 싫은 책은 과감히 그만 읽으세요. 한 번 잡은 걸 꼭 끝까지 읽어야 된다고 생각하면 책 읽기가 고통이 돼요. 잘 읽히지 않는 책, 너무 어려운 책, 재미없는 책은 포기하세요. 그랬다가 나중에 인연이 되면 다시 읽게 될 수도 있고요. 그게 아니면 그냥 나와 인연이 아닌 책인 거지요.

만나서 기분 나빠지는 사람을 굳이 만날 필요가 없듯이, 읽히지 않는 책을 억지로 읽지 마세요. 재밌게 읽을 수 있는 책만 읽어도 읽을 책은 정말 많거든요. 함께 하는 시간이 즐거운 책을 읽으세요.

활동 1

〈글짜기〉의 3단계 머리, 몸통, 꼬리 단계(또는 서론, 본론, 결론)를 참조하여, 아래 글감 중 한 가지를 선택하여 글짜기를 해 보자.

1. 내가 좋아하는 예능 프로그램
2. 대학생과 노동시장
3. 대학생들의 여가 활용법
4. 기타 자유주제

(1) 내가 고른 이야깃감은 무엇인가?

(2) 해당 이야깃감을 고른 이유는 무엇인가? 문제의식을 확장해 주제를 뽑아보자.

(3) 해당 주제에 관한 정보를 얻을 수 있는 방법을 생각해 보고, 필요한 자료의 목록을 써 보자.

(4) 살펴본 자료를 적절히 선택하여 글에 넣고 싶은 내용을 간추려 보자.

(5) 나의 입장을 정하고, 글에 꼭 넣고 싶은 내용들을 5가지 정도 메모해 보자.

(6) 위의 메모한 5개의 항목을 어떤 순서로 배열할 것인지 생각해보자.

(7) 해당 순서대로 배열할 때 더 넣거나 빼야 할 항목이 있다면 무엇인지 써 보자.

(8) 완성된 글짜기를 친구들과 바꾸어 보고, 친구들의 조언을 바탕으로 글짜기를 완성해 보자.

활동 2

방법	동의 정도에 V	이와 관련한 나의 방법(또는 나의 계획)
1. 책 읽기 시간을 자동이체하라	(1 2 3 4 5)	(예) 점심 시간에 하루 30분씩 도서관에서 읽겠다.
2. 환경을 통제하라	(1 2 3 4 5)	(예) 책 읽기 전에 컴퓨터를 켜지 않겠다.
3. 출퇴근(등하교) 시간을 활용하자	(1 2 3 4 5)	(예) 30분 더 일찍 학교에 간다.
4. 항상 책을 가지고 다니자	(1 2 3 4 5)	(예) 가벼운 책을 항상 소지하고 다닌다.
5. 책과의 우연한 만남을 즐겨라	(1 2 3 4 5)	(예) 서점을 1주일에 한번은 꼭 들른다.
6. 책 읽기를 게임처럼 재밌게	(1 2 3 4 5)	(예) 책을 두 권 읽을 때마다 파티를 한다.
7. 보기 싫은 책은 읽지 마라!	(1 2 3 4 5)	(예) 즐거운 책을 즐겨 읽겠다.

단원평가

문제 1. 글쓰는 순서로 옳은 것은?

① 글의 목적 이해→ 자료조사 및 선택→ 글짜기→ 글쓰기→ 고쳐 쓰기
② 글짜기→ 글의 목적 이해→ 자료조사 및 선택→ 글쓰기→ 고쳐 쓰기
③ 자료조사 및 선택→ 글의 목적 이해→ 글짜기→ 글쓰기→ 고쳐 쓰기
④ 글의 목적 이해→ 자료조사 및 선택→ 글짜기→ 고쳐 쓰기→ 글쓰기

정답 ①

문제 2. 본문에서 말한 책을 읽는 7가지 방법 중 가장 거리가 먼 것은?

① 책 읽기 시간을 자동이체하라. ② 환경을 통제하라
③ 항상 책을 가지고 다니자. ④ 책과의 필연적인 만남을 즐겨라.
⑤ 보기 싫은 책은 읽지 마라.

정답 ④

(설명) 본문에서 제시한 책을 읽는 7가지 방법은 첫째, 책 읽기 시간을 자동이체하라, 둘째, 환경을 통제하라, 셋째, 출퇴근(등하교) 시간을 활용하자, 넷째, 항상 책을 가지고 다니자, 다섯째, 책과의 우연한 만남을 즐겨라, 여섯째, 읽기를 게임처럼 재밌게, 일곱째, 보기 싫은 책은 읽지 마라이다.

참고문헌

김기남(2013). 대학생을 위한 글쓰기 수업. 경기: 태학사.
배상복(2010). 일반인을 위한 글쓰기 정석. 서울: 경향미디어.
정형권(2018). 창의와 융합시대 10대를 위한 몰입 공부법. 경기: 주식회사 성안당.
https://ppss.kr/archives/35665 (2017.12.23.)(2020.7.4. 검색)

CHAPTER

입사에 필요한 것들 ‘이력서 · 자기소개서 작성’ 12

학 | 습 | 개 | 요

- 대학시절 다양한 경험은 성공취업의 핵심이다. 취업을 위해 체계적 진로관리하며 다양한 경험을 하는 것도 힘겹지만, 경험한 내용을 효과적으로 표현하는 일도 쉽지만은 않다. 입사서류 검토는 불필요한 사람들을 면접에 참가하지 않도록 걸러내는 과정으로 취업의 첫 관문인 이력서와 자기소개서는 짧은 시간에 인재를 평가하는 본격적인 구직활동의 첫걸음이다. 아무리 뛰어난 인재라 할지라도 자신의 역량과 자신의 발자취를 이력서와 자기소개서에 효과적으로 표현하지 못한다면 유능한 인재로서 평가 받지 못하게 된다.
- 본 단원에서는 서류전형 관문 통과를 위하여 이력사항과 경험을 통해 배운 교훈, 능력에 대해 효율적으로 표현하는 방법을 학습하여 성공적인 사회진출을 지원하도록 한다.

학 | 습 | 목 | 표

1. 이력서와 자기소개서 중요성을 인식한다.
2. 이력서와 자기소개서 작성법을 익힌다.
3. 실제 이력서와 자기소개서를 작성한다.

읽을거리

행복한 자기발견

여행을 가서 어떤 절을 방문했다고 생각해보자. 가이드가 절에 관한 객관적인 정보를 들려줄 때는 절이 다 거기서 거기라는 생각에 별 관심이 가지 않는다. 그런데 그 절에 얽힌 사연을 들려주면 저절로 귀가 솔깃해진다. 예를 들어 억울하게 죽은 왕비의 원혼을 달래기 위해 어떤 왕이 지은 절이라 해보자. 그럼 절의 구석구석을 다시 훑어보게 되지 않을까? 이것이 스토리의 힘이다. 스토리는 거창해야만 위력을 발휘하는 것이 아니다. "절의 대들보가 왜 유난히 검을까?" 하는 질문만으로도 충분히 관심을 끌어 모을 수 있다. 절터에 있는 벼락 맞은 나무로 대들보를 세워서 그렇다는 답을 들으면 누구든 대들보의 색을 직접 확인해보고 싶어지게 마련이다.

자기소개서의 경우엔 어떨까? 지루하게 나열된 객관적 정보는 재미가 없다. 각자의 인생을 토대로 여기에 스토리를 부여해야한다. 배낭여행을 한 경험은 비슷해도 여행을 떠난 이유와 거기서 느낀 점들은 저마다 다른 법이다. 아주 특별하거나 대단한 사건이 아니어도 좋다. 오히려 소소한 이야기가 더 흥미를 끌 수 있다. 몇 십년간의 인생은 자기소개서의 좋은 소재다.

자기소개서를 쓰는 것은 자신의 인생을 돌아보는 일이며 자신의 좋은 점과 뛰어난 점, 인생에서 깨달은 것들을 반추하는 과정이라고 생각한다. 그래서 자기소개서 쓰는 일을 '행복한 자기발견'이라고 칭한다.

자료: 이시한(2011). 이시한의 취업 자기소개서 불패노트.

생각해보기

1. 대학시절에서 남들에게 가장 자랑하고 싶은 내용은 무엇인가요?
2. 자신이 기업인사담당자라면 자기소개서에 어떤 내용을 담고 싶은가요?
3. 글쓰기 솜씨가 없는 사람이 자기소개서를 잘 쓰려면 어떻게 해야 할까요?

1. 이력서의 의미

입사서류 검토는 불필요한 사람이 면접에 참가하지 않도록 걸러내는 과정이다. 취업의 첫 관문인 이력서와 자기소개서의 작성은 짧은 시간에 판가름나는 본격적인 구직활동의 첫걸음이다. 인사담당자들은 입사서류를 검토할 때 면접의 필요성이 발견되지 않으면 곧장 휴지통으로 보낸다. 아무리 뛰어난 인재라 할지라도 자신의 역량과 자신의 발자취를 이력서와 자기소개서에 효과적으로 표현하지 못한다면 유능한 인재로서 평가받지 못하게 된다.

1) 이력서의 의미

이력서는 능력과 경험을 체계적으로 정리한 문서로 면접의 기회를 얻기 위해 개인의 신상정보, 학력, 경력 등을 시간 순으로 요약 혹은 나열한 것이다. 영어로 레쥬메(Resume)라고 하며, 커리큘럼 바이터(Curriculum vitae)를 줄여 CV라고 부르기도 한다. 예전에는 문구점에서 파는 인사서식 1호 양식을 이용하여 기록하는 것이 흔했지만, 인터넷의 발전에 힘입어 인터넷 이력서도 많이 사용되고 있다. 인사담당자가 채용을 위하여 처음으로 접하는 문서가 이력서로 이력서를 통해서 면접여부를 결정하게 된다. 이력서에는 신상정보, 학력, 직업이력 등 간단한 정보만이 들어가지만 목적에 맞게 작성하는 이력서도 있다. 이러한 이력서에는 자신의 직무적합성을 위한 이력기술, 직무경험 등을 상세히 기록해야 한다.

이력서는 지원자와 인사담당자와의 첫 만남이라고 할 수 있으며 자신을 대변하는 문서로 좀 더 구체적으로 나를 표현할 수 있으며 면접의 기회를 얻을 수 있을지 결정하는 문서로 표현된 또 하나의 '나' 이다. 따라서 구직자는 정성을 다해 상품으로서의 자신을 알릴 필요가 있다. 짧은 시간내에 단 1장의 이력서로 취업의 당락이 결정된다고도 할 수 있기 때문에 이력서 작성에 혼신의 정성을 기울여야 하는 것이 취업의 첫 걸음이다. 또한 이력서는 자신의 가치를 평가받는 아주 중요한 마케팅 도구이므로 자신의 실력을 잘 드러내 보여 긍정적인 첫인상을 남길 수 있도록 해야 한다.

2) 이력서의 중요성

인터넷 채용시대에 이력서는 보다 더 중요해 지고 있다. 서류전형만으로 지원자의 대부분을 걸러내는 상황에서 인사담당자는 이력서 내용만으로 그 사람의 능력, 자질, 성격 등을 파악하려 하기 때문이다. 따라서 즉흥적으로 쓰지 말고 꼼꼼히 내용과 형식을 살핀 다음 제출해야한다고 채용 전문가들은 조언한다.

많은 사람들이 첫인상에 대한 선입견을 가지고 있듯이 첫 느낌이 좋은 이력서는 일반적인 이력서보다 인사담당자들의 시선을 끌기 마련이다. 거기에다 동등한 실력을 보유하고 있는 지원이라고 할 경우, 성실하고 깔끔하게 이력서를 작성한 사람을 선택하게 되는 것은 당연한 결과이다.

3) 이력서의 종류

이력서는 일반적인 학력을 강조할 때 쓰는 '학력위주 이력서', 경험한 순서대로 작성하는 '연대기형 이력서', 수행직무 내용을 중심으로 기재하는 '직무중심의 이력서', 학력과 경험, 직무내용을 혼합한 '혼합형 위주의 이력서'로 구분 지을 수 있다.

○ 학력위주 이력서

학력위주의 이력서는 일반적으로 볼 수 있는 '인사서식 1호'에 가까운 전형적인 이력서이다. 신입이나 경력이 적은 사람에게 경력보다는 학력을 강조할 때 유리한 형식이다. 학력위주 이력서를 쓸 때는 신입의 경우 '학력사항', '자격사항', '교육 및 대내외 활동', '수상내역' 등의 구성으로 기술한다.

○ 연대기형 이력서

경력자는 보통 학력사항보다는 경력사항에 내용이 많다. 연대기형 이력서란 경력을 중심으로 연대순으로 나열한 이력서이다. 희망 직종과 관련이 있는 경력이나 업적 등을 순서대로 쓰는 형식으로 직업이력이 많은 경우에 적절한 형태이나 학생의 경우 직무관련의 봉사활동이나 아르바이트 경력을 기재하여 활용할 수 있다. 외국에서는 역사적 자기소개서라고도 부른다. 연대기형 이력서는 작성하기 쉬울뿐더러 가독력도 뛰어난다. 특히 경력이 일관적이고 안정적일 때, 성공적인 승진과정을 강조할 때 유용하며 또한 여러 회사에 공통으로 사용하고 있는 이력서 하는 점에서 강점이 있는 이력서 형식이다. 하지만 경력에 공백이 있을 경우, 직업이력 공백이 너무 눈에 띈다는 단점도 있다.

역 연대기형 이력서는 최근 직장이력과 업적을 강조할 때 유리한 형식이다. 역 연대기형 이력서는 최근 경력부터 과거로 거슬러 올라가는 형식으로 직업이력의 성장을 한눈에 보여준다. 하지만 특정 직무나 능력, 업적 등이 한눈에 보이지 않는다는 단점을 가지고 있다. 경험에 초점을 맞추고 가장 최근 직장 이력과 업적부터 언급한다면 좋은 평가를 받을 수 있다.

○ 직무중심의 이력서

직무중심의 이력서는 연대와는 관계없이 특정 직무능력을 중심으로 모아서 쓰는 이력서로 인사담당자가 필요한 부분만 선택해서 읽을 수 있는 형식으로 학생이나 경험이 단순하여 내세울 것이 별로 없는 경우에 사용할 수 있는 이력서로 간결하고 정리된 느낌을 준다. 연도별 서술이나 회사명에 중점을 두는 것이 아니라 직업이력이 아닌 직무능력에 초점을 두어 자세하게 써야한다. 직업이력을 바꾼 경우 또는 현재의 직무가 본인이 지원하려는 회사와 조금 다른 경우에 사용하면 유용한 방법이다. 특히 학생일 경우 본인이 희망하는 직종 관련 직무경험에 대해 동아리 활동, 아르바이트 경험 등을 중심으로 구성할 수 있으므로 자신의 적합성에 대해 알릴 수 있으며 직업 이력자들과 경쟁해야하는 구직사장에서 자신을 알릴 수 있기도 한다. 대기업이나 지명도 있는 회사에서의 직무이력을 강조하고 싶은 경우, 사업장별로 쓰면 적합하다. 특수 기능을 지니고 있는 전문직에 대해는 그 전문성을 돋보이게 하는데 매우 적합한 이력서이다. 예를 들면, 재무, 경리, 관리 등 관리직에 대해서 각종 직무경험을 통해서 전체적으로 파악하는데 적절하다. 단점으로는 이력을 전체적으로 한눈에 알 수 없고, 내용에 깊이가 없어 보일 수 있다. 회사를 그만 둔지 오래된 경우, 직장을 자주 옮긴 경우, 한 회사에만 오래 있었던 경우 등에 직무중심의 이력서를 작성하면 좋다.

○ 혼합형 이력서

혼합형 이력서는 인사담당자가가 찾는 특정 기능을 강조하고 싶을 경우, 연대기형이력서에 직무를 추가할 경우, 한 회사를 목표로 능력을 보여주고자 할 때 쓴다. 실무에서 사용하는 식업이력과 기술을 깊이 있게 보여줄 수 있다. 자칫 혼합형 이력서는 산만하고 길어질 수도 있다. 직업이 뒷장으로 넘어가 버리면, 구인자의 관심을 끌지 못하게 될 수도 있다. 꾸준히 회사와 더불어 잘 성장하고 있다면 연대기식과 직무중심 이력서를 혼합하여 쓰면 좋다. 혼합형은 개인의 이력을 요약하면서 목표에 맞는 본인의 역할과 책임을 기술하면 된다.

2. 이력서 쓰기

1) 지원분야

지원분야는 우측 상단 눈에 잘 띄는 곳에 기재하여 인사담당자가 서류 검토 시 지원분야와 연계하여 볼 수 있도록 기재한다. 중소기업의 경우 희망연봉을 작성하라는 곳에는 지원분야 아래쪽에 희망연봉을 기재하면 된다.

2) 사진

사진은 이력서의 첫인상이므로 3개월 이내에 정장차림을 단정하고 밝은 인상을 주는 것이 중요하다. 간혹 지원자들 중에 무리하게 포토샵을 하는 경우가 있는데 이런 사진들은 인사담당자들이 신뢰하지 않는다. 실물과 너무 다른 모습의 사진도 지양해야하는데 면접보러 갔을 때 면접관이 지원자를 못 알아 볼 수도 있음. 특히 여름(민소매), 겨울(터틀넥)처럼 계절을 나타내는 옷을 입고 촬영하는 것은 자제하며 되도록 안경을 뿔테보다는 무테나 금속테를 착용 깨끗한 이미지를 연출한다. 머리는 이마를 자연스럽게 들어내는 경우 밝고 깨끗한 이미지를 전달할 수 있으며, 여성의 경우 긴 생머리의 경우 뒤로 단정하게 묶어 깨끗하게 손질하며 남성의 경우 과도하게 헤어제품을 사용하나 경우 강한인상으로 보여줄 수 있으므로 자제하여 스타일을 연출한다. 환한 미소가 어색한 경우는 입을 다물어 자연스럽게 연출 할 수 있도록 해야 한다.

3) 인적사항과 연락처

호주와의 관계는 호주 쪽에서 본 자신의 관계를 말하는 것으로, 예를 들어 부(父), 모(母)가 아니라 장남(長男), 삼녀(三女) 등으로 기재해야 한다.

연락처 기재 시는 빠짐없이 모두 기재해야 되며 만약을 대비하여 비상 연락처(가족 연락처)를 반드시 남기는 것이 좋다.

4) 학력사항

학력사항은 전문가마다 기술하는 방법이 차이가 나는데 대부분 초등학교 때부터 기재하면 너무 길어짐으로 가독력을 높이기 위해 고등학교 이후부터 기재하는 것을 장려하고 있다.

표 12-1 이력서 작성 Key Point (1)

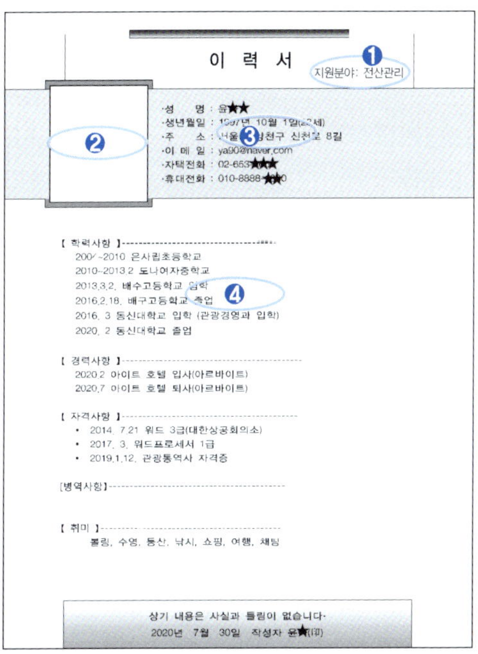

이 력 서

1 지원분야: 전산관리

2

·성 명 : 윤★★
·생년월일 : 1997년 10월 1일(2?세)
·주 소 : 서울 3 양천구 신천로 8길
·이 메 일 : ya90@naver.com
·자택전화 : 02-653★★★
·휴대전화 : 010-8888-★★0

【 학력사항 】
200?~2010 은사립초등학교
2010~2013.2 도나여자중학교
2013.3.2. 배수고등학교 입학 4
2016.2.18. 배구고등학교 졸업
2016. 3 동신대학교 입학 (관광경영과 입학)
2020. 2 동신대학교 졸업

【 경력사항 】
2020.2 아이트 호텔 입사(아르바이트)
2020.7 아이트 호텔 퇴사(아르바이트)

【 자격사항 】
• 2014. 7.21 워드 3급(대한상공회의소)
• 2017. 3. 워드프로세서 1급
• 2019.1.12. 관광통역사 자격증

[병역사항]

【 취미 】
볼링, 수영, 등산, 낚시, 쇼핑, 여행, 채팅

상기 내용은 사실과 틀림이 없습니다.
2020년 7월 30일 작성자 윤★(印)

이력서 작성 key Point

1. 지원분야는 이력서 우측상단에 명시
2. 3개월~6개월 이내의 정장차림의 사진
단정하고 밝은 인상을 주는 것이 중요
이미지 사진이나 폰카, 셀카 사진은 금지
3. 연락처 기재 시, EMAIL, 주소, 자택 전화번호, 휴대전화는 가능하면 모두 기입
4. 고등학교 졸업 일부터 기재
최종학력은 입학과 졸업을 구분
(졸업예정자: 졸업예정일, 학년~3학년: 현재 학적상태)

5) 경력사항

경력사항은 업무와 관련된 경력을 위주로 최근의 것부터 기재하며. 기간과 기관명도 정확히 기재한다.

6) 자격증 및 특기사항

특기사항에는 자신의 장점을 드러낼 특기를 기재한다. 해당하는 자격증이 있으면 자격증명을 기재하고, 발령청, 취득년 월도 기록한다. 자격증의 경우 사본을 첨부한다. 수상경력(장학금도 포함)도 기록, 첨부한다. 어학과 관련된 인증, 사회봉사활동, 동아리 활동도 가능하면 포함시킨다.

7) 기타사항

기타사항에는 세부항복으로 분류하기 어려운 이력을 기재한다.

8) 서명

마지막 작성날짜와 서명을 반듯하게 기재하여 문서의 공신력을 나타내야 한다.

표 12-2 이력서 작성 Key Point (2)

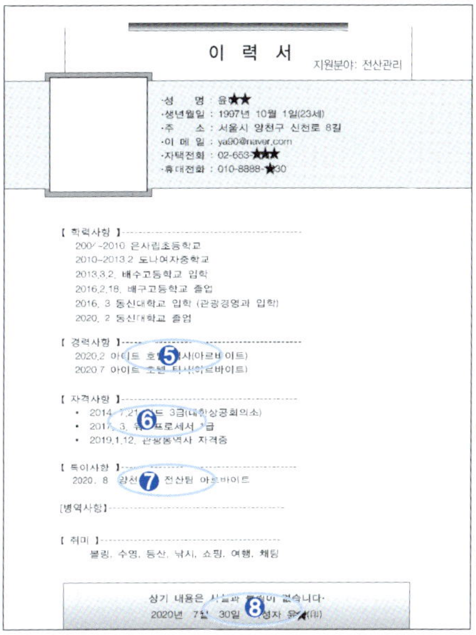

이력서 작성 key Point

5. 신입의 경우, 인턴 및 지원분야와 관련된 아르바이트 경력을 되도록 구체적으로 기재
경력뿐만아니라 경험도 기재

6. 자격증은 최상위 것부터 중요도에 따라 기재
특기사항에는 수상경력, 동아리활동, 어학연수경험 등을 기재
컴퓨터 활용능력 등은 자격증이 없어도 수준을 기재
영어는 인증점수가 없어도 활용수준 기재
(전화영어 구사가능, 비즈니스레터 작성가능)

7. 장학금 수혜내용 등 분류하기 어려운 이력 지원 분야와 연관 있는 내용 기재

8. [사실임을 증명 함] 누락시키지 않도록 주의
작성날짜는 반드시 업데이트하며 서명도 꼼꼼히 작성

3. 자기소개서의 의미

1) 자기소개서의 중요성

이력서가 지원자의 외면적 스펙을 보여준다면 자기소개서는 지원자의 인성과 자질, 업무수행능력을 직접적으로 제공하는 역할을 한다. 경력과 신상위주의 이력서 속에서는 지원자가 어떠한 성격과 소신, 비전의 소유자인지 판가름하기 어렵다. 이력서 상으로는 대게 지원자가 비슷하기 때문에 자기소개서야 말로 지원자를 다른 이들로부터 차별하는 주요인이 될 것이다. 면접관에게 ‘이 지원자만큼은 꼭 만나서 면접을 보고 싶다’는 생각을 하게 만드는 결정 포인트가 바로 자기소개서이다. 서류전형-면접이 채용관행으로 자리잡은 요즘 자기소개서는 서류전형에서 취업의 성공과 실패를 가르는 기준으로 작용할 만큼 그 중요성이 더해지고 있다. 회사에서 요구하는 것이므로 ‘대충 형식만 갖춰 쓰면 되지 않을까?’ 라고 생각할

수도 있으나 인사담당자들은 자기소개서를 통해서 구직자의 지적능력, 성격과 가치관, 책임감, 관심분야에 대한 전문성, 성실성, 그리고 비전까지 꼼꼼히 파악하고자 한다. 그러므로 구직자들은 본인의 모든 것을 자기소개서에 담아 신뢰감과 깊은 인상을 남길 수 있도록 해야 한다.

이력서와 더불어 자기소개서를 통해 구직자의 기본적인 자질은 물론, 심리상태, 문장력까지 꼼꼼하게 체크할 수 있다. 어떤 환경이나 여건 속에서 어떻게 성장해 왔는가 하는 것은 그 사람의 성격형성에 상당한 영향을 미치게 된다. 그러므로 인사담당자는 자기소개서에 나타난 가정환경과 성장과정을 통해 각 개인의 성격 또는 가치관을 파악하고, 학교생활이나 동아리 활동 등을 통해 그 사람의 대인관계나 조직에 대한 적응과 성실성, 책임감, 창의성 등을 살펴보고자 한다. 특히 인사담당자는 자기소개서를 통해 지원자의 잠재력과 장래성을 보고 싶어 한다. 이는 어떠한 동기로 입사하게 되었고, 입사 후에 포부에 따라 지원자의 장래성을 파악하고자 한다.

2) 자기소개서 유형

자기소개서의 유형은 역량 중심형, 가치관과 성격 중심형, 직무 중심형으로 구분된다. 역량 중심형은 다양한 경험을 기반으로 능력을 수준을 나타내는 내용을 담고 있으며, 가치관과 성격 중심형은 가정환경, 성격, 가치관 세계관등을 중시하는 자기소개서로 교육분야 지원할 때 사용되는 항목들이다. 직무 중심형은 해당직무에 대한 경력사항이 있을 때 활용하는 자기소개서 유형이다. 자신의 상황에 맞게 자신의 적합도를 가장 잘 나타낼 수 있는 자기소개서 유형을 골라야 할 필요가 있다. 각 분야별로 인사담당자 입장에서 이력서나 자기소개서를 통해 얻으려고 하는 정보가 무엇인가에 대해 먼저 생각해 보고 이력서나 자기소개서 작성을 시작해야 한다.

4. 자기소개서 쓰기

1) 분야별 자기소개서 작성법

○ 성장과정

본인에 대해 가장 솔직하고 가식적이지 않은 표현으로 자신의 이미지를 무리없이 심어주는 대목이 되어야 한다. 많은 자기소개서에서 '저는...' 혹은 '나는...' 이라는 어구로 평범하게 시작하여 처음부터 진부한 인상을 심어주는 경우가 있다. 그것보다는 자신을 핵심적이고 뚜렷하게 부각시킬 수 있는 유년기의 에피소드나 가족관계에 얽힌 이야기, 부모님의 교육 철학등 글의 전개에 무리가 되지 않는 선에서 신선하게 끌여들여 말문을 여는 것이 더 참신한 방법이 될 수 있다.

좀 더 깊이 있게 자신을 드러내고자 한다면 유년기에 가졌던 호기심이나 문제의식 등을 전공이나 현재의 관심분야에 연결시켜 언급하는 것도 읽는 사람에게 깊은 인상을 심어줄 수 있다. 또한 천편일률적으로 화목하고 단란한 가정을 운운하는 것보다, 성장과정이나 가족관계에 어려움이 있었다면 솔직하게 밝히면서 그것이 본인에게 미친 긍정적인 영향이나 어려움을 극복한 과정 등을 정리해 준다면 신뢰를 얻을 수 있을 것이다.

○ 성격의 장단점

보편적으로 자기소개서에서 설명하고 있는 자신의 성격은 적극적이다, 긍정적이다, 명랑하다 등의 긍정적으로 평가 받고 있는 성격에 대한 직접적인 제시어로 끝나는 경우가 많다. 그러나 많은 자기소개서를 읽은 인사담당자는 이러한 천편일률적인 말을 글자 그래도 받아들이지 않으며, 수긍한다고 하더라도 별다른 주목을 하지 않는다.

본인의 성격에 대해 언급할 때 단정적으로 어떻다는 표현보다는 교우관계나 가족관계 등에서 간접적이고 집약적으로 자신을 표현할 수 있는 가벼운 에피소드 등을 소개하는 것도 상투성을 피하는 한 방법이 될 수 있다. 그리고 성격에서 자신이 있는 점이 있다면 상대에게 거부감을 일으키지 않은 정도의 어법으로 구체적인 표현을 해주는 것이 좋고, 만일 단점이 있다면 무조건 표현을 피하는 것보다는 개선의 의지와 노력을 보이면서 드러내 주는 것도 솔직하고 발전적인 인상을 줄 것이다.

○ 대내외 활동

대내외 활동에서 중요하게 다뤄야 할 부분은 대학생활이다. 그 이전의 학교생활들은 특징적이고 개괄적인 것을 간단히 소개하는 선에서 마무리하고 본격적인 얘기들은 대학생활이나 최종학교의 생활에 맞추어서 한다. 전공이나 활동했던 분야를 지원업종과의 연관성에 초점을 두고 구체적으로 기술해준다면 기업의 입장에서 가장 빠르게 업무 적합 여부를 판단할 수 있는 직접적인 자료가 될 수 있다. 대학생활의 경우 그 이전의 학창시절과는 다리 본인에게 많은 자유시간이 주어진 때이므로 수업 외의 시간관리를 한 방식이나 관심있는 분야에 쏟았던 열정 등을 패기있게 표현하는 것도 좋다. 관심분야는 졸업 후 직업과 직결되는 경우가 많으므로 구체적이고 심도있게 다뤄주는 배려가 필요하다.

또한 대학은 평생의 직업을 준비하는 곳이라는 의미 외에도 그 사람의 인생관이나 세계관을 확립하고 건강한 사회 진출을 결정짓는 장으로서의 의미도 있다. 그러므로 대학생활까지의 학창시절 동안 형성된 인생관이나 학문에 대한 관심 등을 주제의 흐름에 벗어나지 않을 정도로 언급하는 것도 그 사람을 깊이 이해할 수 있는 계기로 작용될 수 있다.

○ 지원동기 및 입사 후 포부

자기소개서를 통해 기업의 입장에서 실제적인 관심사가 되는 부분이 이 대목이다. 아무리 전반부에서 기업에서 필요한 유능한 인재로 판단이 됐다 해도 이 부분에서 확고한 모습을 볼 수 없을 때 결정적으로 신뢰감을 주지 못하게 된다. 실제 기업 측에서는 능력을 인정받는 사원들이 자기가 맡은 분야에서 성취감이나 의욕을 느끼지 못해 퇴사하는 경우를 많이 경험하기 때문이다. 지원자의 입장에서도, 지원동기가 확실하지 않고 사명감

이 없는 경우, 입사 후에도 업무의 진행에 괄목할 만한 성과와 보람이 없을 것이므로 지원동기나 장래포부는 자기소개서를 쓰기 이전에 선결될 마음자세에 해당하는 부분이라 하겠다. 지원동기 포부를 표현함에 있어서 거창하고 추상적인 구호 속에서 지원자의 알찬목소리가 가려지는 경우가 있다. 기본적으로 강한 의지를 담되, 지원하려는 기업의 구체적인 환경에 대한 사전지식 속에서 솔직하게 쓰는 것이 좋다. 자기소개서는 차후 면접의 기본 자료로 활용되기 때문이다.

표 12-3 자기소개서 구성 항목

구성항목	내용
성장과정	유년기의 에피소드나 가족관계에 얽힌 이야기, 부모님의 교육철학 등을 기재하여 자신의 인격과 세계관에 대해 기재
성격의 장단점	단정적인 표현보다는 간접적이고 집약적으로 자신을 표현할 수 있는 가벼운 에피소드 등을 소개 단점은 개선의 의지와 노력을 제시
대내외 활동	최종학력에 초점을 맞추어 자신이 이루어낸 것과 경험을 통한 교훈 등 자신이 기업의 적응력과 전문성을 표현
지원동기 및 입사 후 포부	기업이나 직무정보를 통해 자신의 역량과 비전을 제시하고 미래 목표달성을 위한 자기개발 계획을 기술

2) 효과적인 자기소개서 작성 기법

○ 글쓰기는 두괄식으로 표현

지금까지 학생들의 글쓰기활동은 일기형식의 에세이가 대부분이다. 그러다보니 논리적 설득 양식의 자기소개서를 작성하는 것이 어렵게 생각된다. 비즈니스 문서인 자기소개서는 자신이 왜 이 직무 이 회사에 적합한지 논리적으로 설득하는 문서이므로 논리전개의 맥락이 중요하다. 한정된 지면에 자신의 생각을 일목요연하게 표현하려면 우선, 자신의 쓰려는 내용을 대부분 미괄식으로 제시하며, 추후 수정 시 논리명제가 잘 들어나도록 글의 앞부분에 재배치하여 두괄식으로 제시하면 논리주제가 명확하게 들어난다.

○ 경험을 효과적으로 표현하는 STAR 기법

최근에 경험기반의 역량을 질문하는 자기소개서 양식이 대부분인데, 효과적으로 자신의 경험내용을 나타내기 위해서는 STAR 기법을 활용하는 것이 좋다. STAR(Situation, Task, Action, Result) 기법은 상황흐름을 기반하여 에피소드를 전달하기 때문의 전달하려는 논지를 보다 명확하게 나타낼 수 있다.

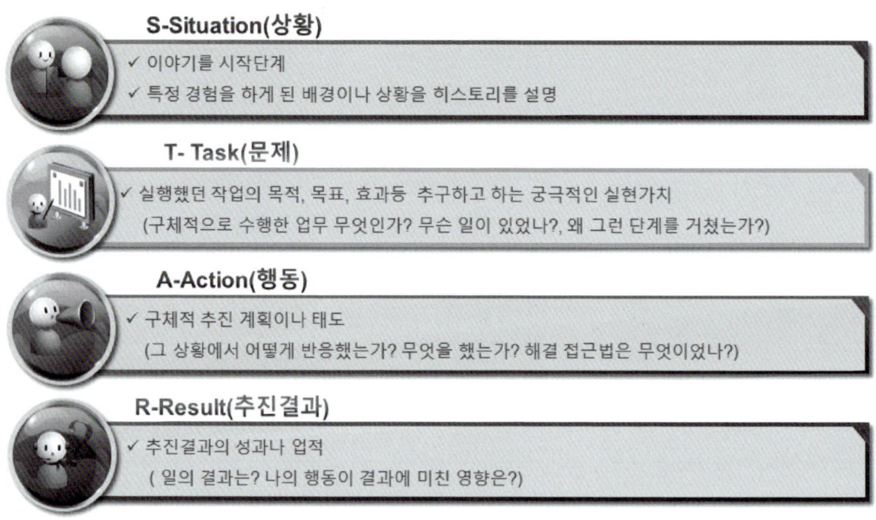

그림 12-1 자기소개서 작성 STAR 기법

○ 용어 선택

자기소개서는 자기의 이야기를 하는 것이지만 남을 염두에 두고 쓰는 글이다. 따라서, 자신이 좋아하는 소재나 단어에 얽매이지 말고 타인과의 의사소통이 가능한 어휘나 소재를 선택해야한다. 또한 부분 부분에 자신의 주장을 피력함에 있어서 주관적이고 배타적인 시각이나 표현은 삼가고 상식적인 선에서 거부감 없는 내용이 되어야 한다.

표 12-4 자기소개서에 작성하면 좋은 용어

관리하였다	분석하였다	승인하였다
배치하였다	소집하였다	통제하였다
조정하였다	창안하였다	설계하였다
결정하였다	개발하였다	진단하였다
지시하였다	분배하였다	평가하였다
확장하였다	촉진하였다	지배하였다
실시하였다	개선하였다	주도하였다
구성하였다	조사하였다	지도하였다
경영하였다	협상하였다	조직하였다
설득하였다	계획하였다	제시하였다
주관하였다	해결하였다	감독하였다

○ 추상적인 문구는 지양할 것

성격이나 장래의 포부를 말할 때 특히 주의해야 할 사항이다. 성격이 원만하고 적극적이다, 최선을 다하겠다와 같은 막연하고 일반적인 문구는 다른 표현으로 구체화시키는 것이 좋다. 이런 식의 말들은 이제까지의 자기소개서에서 너무 많이 사용한, 상투적이고 의미를 주지 못하는 말일 뿐 아니라, 그 부분에 대한 지원자의 구체적인 관심이나 지식의 결여로 읽힐 수 있기 때문이다.

모든 사실의 서술에서 정확하고 구체적인 표현으로 치밀하고 솔직한 인상을 심어주도록 한다.

○ 한자나 외래어 사용에 주의할 것

문장에서 불가피하게 한자나 외래어를 써야 하는 상황이 있을 때, 자신이 확신하는 선에서 주의를 기울여 사용하도록 한다. 한자나 외래어는 뜻이 빠르게 전달되고 문장이 고급스러워질 수 있는 반면, 잘못 사용됐을 경우 사용하지 않은 것만도 못한 효과를 낼 수 있기 때문이다.

활동 1

나도 인사담당자

요즘 한류열풍으로 우리나라를 찾는 외국관광객들이 늘고 있습니다. 여러분의 회사에서는 "000 영화 촬영지 다시보기"라 여행상품을 개발, 여행상품을 운영 할 관광가이드와 여러분이 관심있어하는 직무분야에서 아래와 같이 사원을 모집하려합니다.
인사담당자가 되어 모집공고문을 작성하고 이력서를 평가해 봅시다.

〈모집공고〉

-회사명 : CJ투어
-모집일정 : 20**. 9.21.~ 20**. 9.30
-지원직무 : 관광가이드
-우대사항 :
-필요한 지식, 기술, 태도 :

모집직무	우대사항	필요한 능력
관광가이드		

▶ 이력서 평가지 작성
아래와 같이 3장의 이력서가 접수되었습니다. 면접자 1명 선발해야하는데 선발한 이유, 탈락시킨 이유를 정리해봅시다.

〈이력서 평가지〉

□ 선발된 사람 :
선발이유 :
□ 탈락자 이름 :
탈락이유 :

이력서(1)

이 력 서

·성　　명 : 윤아
·생년월일 : 1997년 10월 1일(23세)
·주　　소 : 서울시 양천구 신천로 8길
·이 메 일 : ya90@naver.com
·자택전화 : 02-653-2662
·휴대전화 : 010-8888-1030

【 학력사항 】---

2004~2010 은사립초등학교
2010~2013.2 도나여자중학교
2013.3.2. 배수고등학교 입학
2016.2.18. 배구고등학교 졸업
2016. 3 동신대학교 입학 (관광경영과 입학)
2020. 2 동신대학교 졸업

【 경력사항 】---

2020.2 아이트 호텔 입사(아르바이트)
2020.7 아이트 호텔 퇴사(아르바이트)

【 자격사항 】---

- 2014. 7.21 워드 3급(대한상공회의소)
- 2017. 3. 워드프로세서 1급
- 2019.1.12. 관광통역사 자격증

[병역사항】---

【 취미 】---

볼링, 수영, 등산, 낚시, 쇼핑, 여행, 채팅

상기 내용은 사실과 틀림이 없습니다·
2020년 7월 30일 작성자 윤아(印)

이력서(2)

(응시부문:관광가이드)

사 진 (4.5 × 5. 0cm)	성 명	김태희
	생 년 월 일	1996년 03월 05일(만22세)
	주 소	서울시 강남구 양재로 54실
	연 락 처	휴대폰 : 02-523-3978
		이메일 : lookme@daum.net

구분	년 월	학 교 명					
학력	2020년 2월	상경대학교 관광경영학과 졸업					
	2015년 3월	상경대학교 관광경영학과 입학					
	2015년 2월	나래고등학교 졸업					
성적	평점/총점	4.01/ 4 .5					
외국어 능력	영 어	TOEIC 720점			제2 외국어	新HSK 4급		
		회화	독해	작문		회화	독해	작문
		상	중	중		중	중	중
자격사항 및 OA 능력	자격사항	관광통역 자격증 취득 워드프로세스 1급					
	OA 능력	워드	엑셀	파워포인트			
		상	상	상			
경력사항	년 월	기관명					
	2020년 3월	대학무역(주)입사 - 한국미속품 일본 수출 업무					
	2020년 5월	대한무역(주)퇴사					
	2020년 6월	공항면세점 입사- 관광기념품 판대					
	2020.현재	공항면세점 (인턴중)					
기타사항	〈포상〉 고객이 뽑은 친절상 (220. 3)						

위 기재사항은 사실과 틀림없음을 확인합니다.

2020년 7월 12 일

성명 : 김태희 (인)

이력서(3)

	이 력 서			
	성 명	박명수	㉑	주 민 등 록 번 호 891110 - 1571865
	생년월일	1997년 1월 10일 (만23세)		
현 주 소	서울시 강남구 역삼동 667-11		전 화 번 호 010- 556-5341	
호 적 관 계	호주와의 관계	차남	호 주 성 명	박병민

년 월 일	학 력 및 경 력 사 항	발 령 청
2016.03	신정대학교 입학 (관광경영과 입학)	
2017. 2	군대 면제(허리 부상)	
2019. 3	관광 통역사 자격증	
2019. 2	신정대학교 졸업	
2019.03	미리네 호텔 아르바이트(기물준비, 테이블 세팅, 고객 예약 응대, 메뉴추천, 메뉴준비, 음식서빙, 테이블 정리)	
2019. 11	미리네 호텔 아르바이트 퇴사	
2020.19	유럽 11개국 배낭여행	
2019. 12	아주가 여행사 입사	
2020. 1	아주가 여행사 퇴사	
2020.1~ 4	호주 워킹 홀리데이	
2020. 3	(주) 파른 항공 운송 대리점 입사 - 역삼동지점	
2020. 5	(주) 파른 항공 운송 대리점 퇴사	

활동 2

대내외 활동 작성

◎ 자신이 보유한 능력 목록

다음은 다양한 직업들에 중요한 영향을 미치는 능력에 대한 목록입니다. 각 단어들을 읽고 현재의 자신을 잘 나타내는 것들에 모두 V 표시하십시오.

구분	해당사항(V체크)
문제해결력	
분석력	
기획력	
의사소통력	
대인관계(팀원)	
리더십	
글로벌 마인드	
서비스 마인드	
IT활용능력	
적극성	
도전성	
창의성	
책임감	
기타	

1. 지금까지 목표보다 더 높은 목표를 달성하고자 이를 위해서 시간과 노력을 최대한 투입하고 관리한 경험을 기술하시오

주제어	경험주제 (도전경험)	내용 (내가했던 노력과 역할은 무엇?)	교훈 (어떤 결과를 얻었나?)
도전			

2. 겪은 일 가운데 어려웠던 경험을 떠올리고 어떻게 극복했는지 생각해 봅시다.

주제어	어려웠던 일 (어떤 문제가 있었나?)	극복과정 (어떤 시도를 하였나?)	교훈 (극복 후 배운 점과 결과는?)
실패극복			

3. 지금까지 살아오면서 가장 열정적으로 임했던 일과 그 일을 통해서 이룬 것을 기술해 봅시다.

주제어	열정적으로 임했던 일 (어떤 일이 있었나?)	과정 (어떻게 시도를 하였나?)	교훈 (결과는?)
열정			

4. 생각의 차이로 다른 사람과 갈등을 겪었던 상황과 행동은 어떠했는지 기술해봅시다.

주제어	갈등상황 (어떤 사건이 있었나?)	과정 (어떻게 해결하였나?)	교훈 (결과와 교훈은?)
대인관계			

5. 기존의 제도나 시스템을 지속적으로 개선함으로써 조직의 새로운 변화를 적극적으로 주도했던 경험에 대해 기술해봅시다.

주제어	상황 (어떤 사건이 있었나?)	과정 (어떻게 해결하였나?)	교훈 (결과와 교훈은?)
창의성			

자료: 문윤, 한미희, 심태은(2013). 진로설계와 리더십.

활동 3

지원동기 작성

1. 자신이 진로목표를 순위를 정하여 적어봅시다.

순위	지원분야
1위	
2위	
3위	

2. 지원이유별로 지원분야를 구분해봅시다.

지원이유	지원분야
부모님과 지인의 권유로	
주변 모델링이 되는 사람이 있어서	
교과내용을 통해서 흥미를 갖게 되어서	
관련 분야에 경험한 것이 계기가 되어서	
자신의 성격과 가장 잘 맞는 직업이어서	
자신의 능력에 잘 부합하는 직업이어서	
돈을 많이 벌수 있을 것 같아서	
미래전망이 밝아서	
사회적 명성 때문에	
해당직업(기업)의 복리후생 및 근로조건이 좋아서	
해당 기업에 대한 좋은 서비스를 경험적이 있어서	
기타	

3. 지원분야의 지원동기를 최종 정리해봅시다.

지원분야		지원동기
1위		
2위		
3위		

활동 4

입사후 포부 작성

1. 회사의 미래를 5년 단위로 예측해 봅시다.

	자신의 직급	목표
1년		
5년		
10년		
15년		
20년		

2. 지원하는 업계비전과 향후 발전방향은 어떠할지 예측해 봅시다.

3. 자신으로 인해 회사의 어떤 부분이 바뀔 수 있다고 생각하는가? 또는 어떤 부분을 바꾸고 싶은지 기술해봅시다.

4. 자신이 하고 싶은 자기개발 종류를 골라 우선순위대로 나열해봅시다.

1. 영어회화
2. 스포츠 활동
3. 십자수나 서예 같은 취미 생활
4. 동호회 활동
5. 컴퓨터 배우기
6. 화술이나 프레젠테이션 기술 배우기
7. 여행
8. 제2외국어
9. 경영이나 마케팅 지식 쌓기
10. 다이어트
11. 직무관련전문분야(   )

1순위(   ) 2순위(   ) 3순위(   )

5. 자기개발 목표를 세 가지 정도 적고, 간단하게 장단기 계획을 세워봅시다.

자기개발 종류	1.( )	2.( )	3.( )
1년후			
5년후			
10년후			

자료: 문윤경, 한미희, 심태은(2013). 진로설계와 리더십.

활동 5

성장과정 작성

1. 성장환경이 차별점과 우리 부모님의 성격을 되돌아 보면 부모님이 항상 나에게 강조하셨던 신념은?

	내용	나에게 영향을 미친점은 무엇일까요?
성장환경의 차별점과 부모님의 성격		

2. 우리 집안에서의 형제 관계 속에서 의연 중에 익히게 된 자신의 생활 태도나 성격은?

	내용	나에게 영향을 미친점은 무엇일까요?
형제 서열관계		

3. 집안사정의 어려움이나 고난을 극복하면서 자신이 부모님으로부터 배웠던 것 것은?

	내용	나에게 영향을 미친점은 무엇일까요?
집안의 어려운사건		

4. 유년기에 가졌던 호기심이나 문제의식 등을 전공이나 현재의 관심분야에 연관시켜 보자.

	내용(에피소드)	어떤 결과를 얻었나?
유년시절관심 가졌던 분야		

자료: 문윤경, 한미희, 심태은(2013). 진로설계와 리더십.

단원평가

문제 1. 이력서 종류에 포함되지 않는 것은?

① 학력위주 이력서 ② 연대기형 이력서
③ 노력중심 이력서 ④ 직무중심 이력서

정답 ③

(해설) 이력서는 학력위주 이력서, 연대기형 이력서, 직무중심 이력서, 혼합형 이력서로 구분된다.

문제 2. 아래에 내용에 A, B, C에 해당되는 답을 고르세요.

자기소개서 작성 시에서 핵심주제는 (A)보다는 (B)또는 (C)으로 표현 하는게 좋다.

① 미괄식 ② 두괄식 ③ 양괄식

정답 A-①, B-②, C-③

(해설) 자기소개서 작성할 때에는 키워드를 미괄식으로 작성하기 보다는 두괄식이나 양괄식으로 작성하면 전달하고자 하는 내용을 명확히 전달할 수 있다.

참고문헌

문윤경, 한미희, 심태은(2013). 진로설계와 리더십. 경기: 북코리아.
이시한(2011). 이시한의 취업 자기소개서 불패노트. 서울: 알에이치코리아.
임준규 편저(2012). 상대를 사로잡는 자기소개서. 경기: 양서원.

CHAPTER 13

어떤 말하기 '면접'

학 | 습 | 개 | 요

- 과거와는 달리 기업들은 학교와 학점, 어학성적 등 스펙위주의 선발을 지양하고 기업이 추구하는 핵심가치와 비전에 부합하는 인재를 채용하기 위하여 다양한 방법으로 인재를 선발하고 있다. 이에 제한된 시간 속에서 지원자들의 능력을 객관적, 합리적으로 평가하기 위하여 개인, 집단, 토론, PT 등의 다양한 면접평가 방법을 구조화하여 활용하고 있다.
- 이 단원에서는 역량면접에 대한 이해는 물론 역량면접 종류와 방법, 면접 준비사항에 대하여 실습을 통해 배워 보고자 한다.

학 | 습 | 목 | 표

1. 역량면접의 의미와 중요성을 이해 할 수 있다.
2. 역량면접의 유형과 질문 특성을 파악 할 수 있다.
3. 역량면접의 질문을 예상하고 답변을 연습 할 수 있다.
4. 면접 준비사항에 대하여 이해하고 준비 할 수 있다.

읽을거리

면접은 맛깔 나는 밥상을 차리는 것

면접은 밥상을 차려 가지고 가는 것이다. 자신의 삶 중에서 가장 맛깔나게 살았던 경험을 잘 요리하여 반찬으로 가지고 가는 것이다. 맛있는 반찬은 깊은 맛이 나야 한다. 숙성된 맛이 있어야 한다. 도전, 열정, 헌신, 창조적인 경험과 같은 기업이 인재상으로 삼는 것들이 있어야 깊은 맛이 난다.

이와 같은 재료로 보기 좋게 반찬을 만들어서 면접관의 입맛에 맞는 반찬을 주어야 한다. 사전에 잘 준비된 반찬을 내어 주어야지, 면접장에서 무슨 반찬을 만들 것인가 고민하거나, 그때서야 재료들을 찾고 있어서는 안 된다.

면접관은 항상 배고프다. 배고프면 참을성이 없다. 너무 뜸을 들여서는 안 된다. 면접관이 주문할 때마다 즉각 즉각 잘 준비된 반찬을 내놓아야 한다.

사전에 필수적으로 준비해야 할 재료가 자기분석과 기업분석이다. 자신의 장점, 성공적으로 목표를 세워서 성취했던 경험, 남과 다른 방식으로 수행한 일, 어려웠던 일을 극복한 사례, 희생을 해본 경험 등을 사전에 분석해 보아야 한다. 구체적으로 성취하기 위해서 취했던 행동과 결과 등도 찾아 놓아야 면접 당일날 내 놓을 수 있다. 그렇다고 모든 시나리오를 다 써넣고 앵무새처럼 외우라는 뜻은 아니다. 잘 숙성된 자기분석 내용에 맛깔나게 양념을 쳐서 내놓으면 된다. 기업분석도 마찬가지다. 사전에 기업의 핵심사업, 신문기사 내용, 시장분석 등을 잘 분석해 놓아야 배고픈 면접관들에게 바로 내놓을 수 있다.

자료: 엘리트코리아(2015). 맛깔 나는 밥상을 내 놓는 면접.

생각해보기

- 자신의 자랑스러운 경험을 자유롭게 이야기해 보자.
- 자신의 경험을 면접관들에게 바로 내놓을 수 있도록 준비해 보자.

1. 역량면접의 이해

1) 면접의 중요성

과거와는 달리 기업들은 학교와 학점, 어학성적 등 스펙위주의 선발을 지양하고 기업이 추구하는 핵심가치와 비전에 부합하는 인재를 채용하기 위하여 다양한 방법으로 인재를 선발하고 있다. 제한된 시간 속에서 지원자들의 능력을 객관적, 합리적으로 평가하기 위하여 개인, 집단, 토론, PT 등의 다양한 면접평가 방법을 구조화하여 활용하고 있다. 대량채용에서 수시채용으로 변화되며 수시로 소수의 우수인재를 채용하여 서류상으로는 볼 수 없는 창의성, 조직력, 문제해결능력, 의사소통능력 등의 직업기초능력을 기반으로 신속한 직무적응에 필요한 핵심직무역량을 평가하여 우수인재를 선발하고 있다. '면접 준비의 왕도는 없다. 하지만 빠른 길은 분명히 있다.'라는 말과 같이 면접관의 질문에 즉각적으로 반응하여 대응해야 하기 때문에 면접은 준비 및 훈련을 통하여 상황대처능력을 키워나가야 한다.

2) 전통적 면접 vs 역량기반 면접

요즘 많은 기업들이 '역량중심 채용'으로 신입사원을 채용하고 있다. 공공기관에서는 'NCS기반 직무중심인재 채용'이라고도 한다. 역량중심 채용의 면접에서도 직무역량을 중점적으로 검증하기 위해 역량면접의 방식을 활용한다. 그렇다며 기존의 전통적 면접과 어떠한 점의 차이점이 있는 알아보자.

전통적 면접에서는 '혼자 일하는 것과 팀으로 일하는 것 중 어느 것을 더 좋아합니까?', '자신의 가장 큰 강점이나 약점은 무엇입니까?', '5년 후 자신의 비전은 무엇입니까?', '어떤 점에서 본인이 채용되어야 한다고 생각하십니까?'. '압박감, 스트레스, 짧은 마감시간 등을 잘 극복하는 편입니까?', '본인의 업무 경력에 대해 말씀해 주세요' 등 지원자들이 사전에 모범답안을 준비할 수 있는 진부한 질문들로 구성되어 있다. 또한 지원자의 적합성 판단이 직무에 필요한 적성이나 능력보다는 면접관의 직감에 의존하며, 같은 지원자에게 동일한 질문이 주어지는 것이 아니여서 어떤 사람에게는 평이한 질문이 되고 어떤 사람에게는 어려운 질문이 되어 형평성에 어긋날 수 있다. 이러한 이유에서 지원자의 실제 능력보다는 지원자의 배경이나 스펙을 중시하게 되었다. 즉, 실제 직무수행능력을 평가할 수 있는 근거자료로서의 구체적 행동과 관련된 정보를 얻을 수 없다.

활동 1

다음의 두 면접 질문의 차이점은 무엇일까요? A와 B질문을 읽어보고 차이점을 찾아보자. 옆 친구와 그 차이점에 대하여 이야기 나눠 보자.

A질문	B질문
이 업무는 스트레스를 많이 받는다고 알려져 있습니다. 당신은 스트레스를 어떻게 관리합니까?	어떤 업무나 과제를 수행하면서 스트레스를 받았던 경험과 그 스트레스를 어떻게 해소하였습니까?

활동1의 A질문은 일반적인 스트레스를 관리하는 방법에 대해 질문했기 때문에 실제 본인이 수행하는 방식보다는 가장 이상적인 답변을 할 가능성이 크다. 하지만 B질문은 스트레스를 받았던 경험을 통하여 그것을 어떻게 구체적으로 극복했는지 행동관련된 질문을 한 차이점이 있다. 본인이 알고 있는 스트레스 관리를 위하여 다양한 방법이나 상식을 물어보는 것이 아니라 실제로 자신이 어떠한 방식을 통해 스트레스를 풀어 나가고 있는지 그 경험과 근거활동을 질문하여 인지적으로 알고 있거나 이상적으로 답할 수 있는 것을 피할 수 있다. 질문을 통해 지원자의 실제적인 면모를 더 정확하게 들여다 보고, 과거의 경험에서 앞으로의 행동패턴이나 성과를 유추해 볼 수 있다.

3) 역량면접이란?

지원자가 이전의 경험에서 보여준 직무와 관련된 행동을 수집하는데 초점을 맞춘 구조화된 면접으로 면접관 개인의 주관적 생각보다는 지원자에게 요구되는 직무나 직책에서 필요한 역량을 갖추고 있는지를 판단할 수 있도록 하는 면접을 말한다. 지원자의 미래의 성과나 행동패턴을 예측하는 최선의 지표가 지원자의 과거 성과나 행동에 있는 전제에 출발한다. 성과와 행동이 보다 최근의 것일수록 해당 성과와 행동이 반복될 가능성이 높기 때문에, 역량면접 시 답변을 준비할 때에도 최근의 것일수록 답변에 대한 신뢰도가 높아질 수 있다.

역량면접의 특징으로는

첫째, 면접 질문들이 직무를 성공적으로 수행하는 데 필요한 역량과 직접적인 관련성이 있는 질문으로 이루어져 있다.

둘째, 면접 과정에 주관적 판단이 개입되지 않도록 평가 기준이 제공된다.

셋째, 실행 가능할 것 같은 미래의 행동보다는 현재와 과거의 실제 행동에 초점이 있다.

넷째, 모든 지원자들을 동일한 기준에 의해 평가하므로 지원자들 간의 비교가 수월하다.

다섯째, 오직 직무와 관련된 역량에만 중점을 두기 때문에 애매한 질문과 답변을 통한 지원자의 능력을 직관으로 파악하려하지 않는다.

역량면접은 전통적 면접보다 더 타당성이 있어, 지원자의 잠재능력 예측이 3~5배 정확하다. 지원자의 실제행동에 초점을 맞춰 지원자의 실제 직무수행을 보다 더 정확히 파악이 가능하여 생산성향성, 이직률 감소, 사기진작, 품질향상, 고객 서비스향상의 기대효과가 있다. 면접 위원들이 의도적으로 또는 무의식적으로 부적절한 질문을 할 가능성이 최소화 된다. 이러한 이유에 최근 기업들이 면접관을 따로 교육하고 투자를 해서라도 역량에 기반한 면접을 진행하기 위해 노력하고 있다.

2. 역량면접의 유형

1) 경험면접

경험면접은 해당 지원자의 경험 중 조직 또는 직무수행에 필요한 역량과 관련된 경험을 측정하는 면접방법으로, 평가자에게 가점요소를 주는 평가항목(Positive Check Point)과 감점요소를 주는 평가항목(Negative Check Point)을 제시하여 역량을 측정하도록 하는 것이다. 경험면접의 목적은 직접적인 업무경험은 없지만 직무수행에 필수적인 역량을 확인하기 위해 과거 유사경험들에 대한 답변을 통해 직무수행에 필요한 역량을 보유하고 있는지를 측정하는 것이다.

전통면접에서는 '화나거나 흥분한 고객을 어떻게 대하겠습니까?'를 질문하다면 경험면접에서는 '우리회사의 직원이라면 누구든지 화나거나 흥분한 고객을 만날 수 있습니다. 자신의 겪었던 최악의 유사 경험상황에 대해 말해보세요'로 질문할 수 있다. 하나 더 예를 들어 본다면 '어떤 유형의 동료들과 함께 일하고 싶습니까?'로 전통면접에서 질문을 한다면 경험면접은 '가치관이나 신념이 서로 다른 사람들과 함께 문제를 해결했던 일에 대해서 말해 보세요'라고 구체적인 경험을 통해 지원자를 평가한다.

2) 상황면접

상황면접은 기업에서 실제 발생한 사례나 가상의 상황을 지원자에게 제시하여 해결과정 및 제시결과에 대한 평가를 통해 역량의 보유정도를 측정하는 면접방법이다. 이러한 상황면접의 목적은 사례해결을 통하여 직접 겪어 보지 못한 사황에 대한 대처능력이나 해결과정 등을 평가하여 기업에서 요구하는 역량을 측정한다.

예를 들어 '당신은 어느 회사의 팀원으로 발령을 받았다. 팀원들은 불만에 가득 차 있고 서로 말도 하지 않으려 한다. 팀 업무 중 마감기한이 얼마 남지 않은 상황에서 당신은 어떻게 행동하시겠습니까?' 이다.

3) 토론 면접

토론 면접은 조직생활에서 조직원과의 대인관계, 본인의 의사를 잘 전달할 수 있는 언어능력, 의사 전달에 필요한 발표 능력, 타인을 설득할 수 있는 능력, 타인에 대한 배려와 다른 의견에 대한 사고의 유연성 등을 평가하기 위해 진행된다. 토론면접은 찬반으로 진행되거나 하나의 대안을 찾는 형태로 진행된다. 특히 대안을 찾을 경우에는 지원자마다 의견이 다르게 되기 때문에 이기고 지는 것이 없다는 것을 이해하는 것이 중요하다. 면접관은 어떤 결론을 내릴 것인가에 대한 관심은 없다. 단지 결론에 이르기까지의 과정에 관심을 가지고 있기 때문에 논리적으로 옳지 않거나 논리적 비약을 통해 자신의 주장을 내세우거나 근거로 제시할 필요가 없다. 또한 대립된 의견 사이에서 조정역할을 하는 사회자도 필요하다. 사회자는 양쪽의 의견을 중간 중간 정리하여 자연스럽게 토론을 이끌어나가야 하며 토론이 끝날 무렵에는 논쟁을 정리한다. 토론 면접은 평소에 많은 책을 읽고 신문을 보고 시사 토론 프로그램을 보면서 자신만의 의견을 정리하는 연습을 해야 참신하고 독창적인 논리와 근거 제시가 가능하다. 나와 의견이 다른 사람과 의견을 조율하는 열린 자세와 유연한 사고 또한 중요하다. 자신의 주장을 관철시키려고 하는 것보다 팀원들과 팀워크를 맞추면서 주제에 대한 명확한 결론을 이끌어내며 때로는 팀원을 리드 할 수 있는 리더십이 필요하다.

4) PT면접

PT면접은 한 가지 주제를 제시하여 내용 구성부터 발표까지의 일련의 과정을 지원자가 직접 선택하여 요구되는 역량을 측정하는 면접기법이다. 해당 주제에 대한 지원자의 가치관, 역량보유 유무를 평가하고 아울러 주제에 대한 발표를 통해 자신이 말하고자 하는 바를 한 눈에 알아볼 수 있도록 내용을 발표자료로서 구성하고 정확하게 발표할 수 있는지를 측정하는 것이다.

예를 들어 '여러 사람이 모여서 한 팀을 이루어 함께 업무를 할 때 중요하게 고려되어야 할 요소에 대하여 3가지 정리하여 발표해 주세요'이다. 경험면접이나 상황면접과는 달리, 역량과 관련된 요소에 대해 지원자에게 시간을 주고 자료를 직접 구성하도록 한 뒤, 프리젠테이션을 실시하도록 한다. 이를 통해서 회사에서 알아보고 싶은 역량을 지원자가 얼마나 보유하고 있는지 평가하는 방법이다.

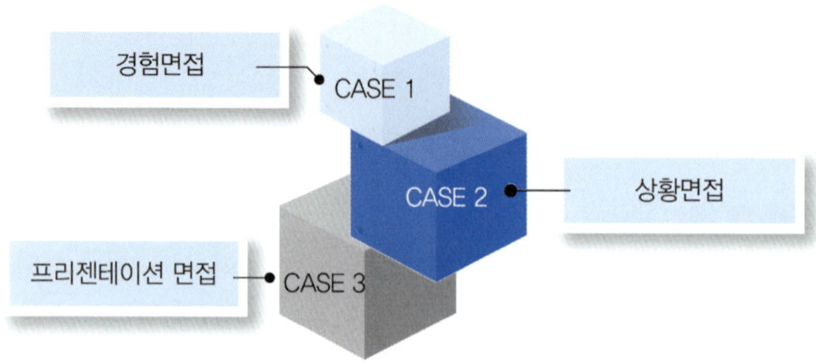

그림 13-1 역량면접의 종류

3. 면접 시 평가 항목

1) 면접 이미지메이킹

면접 이미지메이킹이란 자신의 바람직한 상을 정해놓고, 그 이미지를 현실화하기 위하여 자신의 잠재능력을 최대한 발휘하여 자신이 될 수 있는 가장 훌륭한 모습으로 만들어가는 의도적인 변화과정(Intention Change Process)이다.

(1) 매력적인 첫인상

첫인상은 면접에 있어서 가장 결정적인 요인이다. 처음 보는 사람과 첫 만남을 가질 때 첫 이미지를 결정하게 된다. 몇 초 동안에 받은 인상을 토대로 지원자를 평가하게 되며 이때 받는 첫인상은 쉽게 바뀌지 않는다. 첫인상을 좋게 하기 위해서는 자신감을 보여주는 미소 띤 표정, 적극적인 시선, 신뢰감을 주는 외모, 옷차림, 자세는 필수적이다. 시각적 효과 뿐만 아니라 자신의 생각과 의지를 전달하는 목소리도 중요하다.

(2) 목소리

면접에서 가장 좋은 평가를 받는 목소리는 편안한 자신이 가지고 있는 목소리이다. 긴장을 하게 되면 침이 바짝 마르게 되고 목소리에 떨림이 오게 된다. 이야기 대상과 목적에 따라 높낮이를 변화하여 부드러운 목소리로 이야기하기 위해서 자신의 목소리를 들어 보는 것이 필수적이다. 듣는 사람이 집중력을 잃지 않도록 속도와 톤을 달리하여 연습해 보자.

(3) 표정

자신감 있는 미소 띤 표정 연습은 중요하다. 면접 중 가장 피해야 할 표정은 무표정의 얼굴이다. 무표정은 고집스럽고 융통성이 없어 보일 수 있다. 표정이 밝더라도 눈동자의 움직임이 잦지 않도록 주의 한다. 무의식적으로 하는 경우가 많기 때문에 연습을 통해 자신의 무의식적 표정에 대하여 파악해 보자. 눈을 좌우로 굴리는 표정, 눈을 흘기거나 곁눈질 하는 표정, 눈을 위로 치켜뜨는 표정 등이다.

(4) 자세

면접자는 항상 긴장을 하게 된다. 올바른 자세를 통해 예의 바르면서 편안함을 느낄 수 있도록 해야 한다. 면접관과 eye contact하여 진실성, 자신감을 표현한다. 피하고 외면하는 것은 자심감이 결여되어 보일 수 있다. 경청하는 태도도 중요하다. 면접관과 자연스럽게 대화하며 가볍게 고개를 끄덕임, 가벼운 미소 등을 통해 경청하고 있음을 알려준다.

(5) 복장

남성의 면접복장은 흑색, 짙은 회색 등 신뢰감을 주고 안정적인 색상을 선택하는 것을 추천한다. 은색 등의 튀는 색상을 피하는 것이 좋다. 상의와 하의는 같은 색상과 질감의 한 벌로 된 정장을 선택하고 너무 타이트하게 맞는 것을 피한다. 바지는 앉았을 때 발목이 훤히 드러나는 일이 없도록 너무 짧거나 타이트한 것은 피한다. 섰을 때 구두를 살짝 덮은 것이 좋다. 버튼이 없거나 옷깃이 없는 정장은 피한다. 면접 시 앉을 때는 버튼이 2개인 상의는 위단추만 잠그고, 버튼이 3개인 상의는 가운데 단추만 잠가서 앉았을 때 답답해 보이지 않도록 한다. 정장셔츠는 무늬가 없는 흰색을 추천한다. 색이 화려하거나 줄무늬가 있거나 검정색의 셔츠는 피하는 것이 좋다. 옷깃에 화려한 단추가 있어나 문양이 있는 것은 피한다. 남성 구두는 검정이나 짙은 브라운 계열을 추천한다. 끈이 있는 정장화를 선택하고 운동화와 스니커즈는 피한다. 면접 당일 구두를 깨끗하게 닦아서 신는 것 또한 중요하다. 남성 양말은 발목위까지 올라오는 흑색 정장양말을 선택한다.

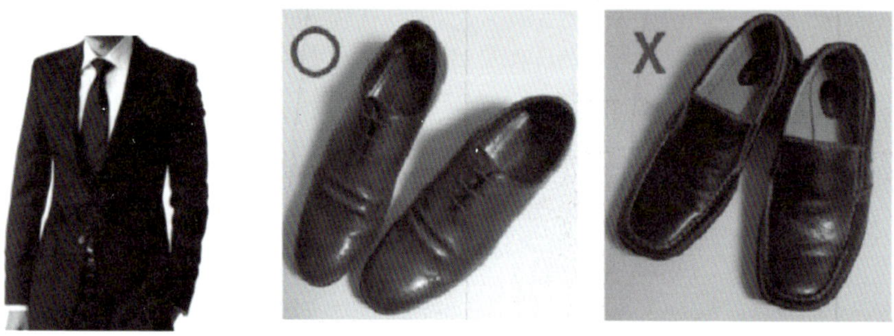

자료: 국가직무능력표준 www.ncs.go.kr 구직기술 상담

그림 13-2 남성 면접 복장

여성의 면접 복장은 색상의 검정색 등의 안정적인 색상을 선택한다. 치마와 재킷이 있는 정장을 선택한다. 바지는 여성의 기본 정장이 아니다. 재킷의 경우 엉덩이를 살짝 덮는 길이를 선택한다. H라인의 스커트가 적당하며 앉았을 때 너무 짧지 않도록 무릎길이가 적당해야 한다. 섰을 때 너무 타이트한 것은 면접 시 앉았을 때 너무 짧아지므로 피하도록 한다.

여성의 셔츠 또는 블라우스는 무늬가 없는 흰색을 추천한다. 너무 화려한 레이스의 블라우스는 피하는 것이 좋다. 옷깃이 크거나 높아서 목을 가리는 경우 답답한 느낌을 주므로 피하는 것이 좋다. 블라우스나 탑은 치마 안으로 넣어 입고 재킷 밖으로 나오지 않도록 한다.

여성의 구두는 너무 높거나 화려하지 않은 검정색 구두를 선택한다. 앞이 트여 발가락이 보이는 샌들은 피한다. 장식이 없는 민무늬 구두를 선택하고 크고 화려한 장식은 피한다.

악세사리의 경우 너무 화려하거나 달랑거리는 귀걸이는 피한다. 시계 반지 목걸이 등 심플한 것을 선택하고 과하지 않게 하는 것이 좋다. 매니큐어는 화려한 색상은 피하고 의료직, 식음료 분야 등 청결과 위생을 중시하는 직종의 경우 매니큐어를 칠하거나 손톱을 기르지 않는다.

헤어스타일은 단정한 인상을 주기 위하여 최대한 면접에 머리카락이 거슬리지 않도록 깨끗하게 하나로 묶어 정돈한다. 앞머리는 답답함을 줄 수 있기 때문에 뒤로 넘겨 시원한 인상을 준 수 있도록 한다. 어깨선에 닿지 않는 짧은 길이는 이마를 드러낼 수 있도록 앞머리를 단정히 정돈하고 면접 중간에 앞머리와 옆머리가 흘러내리지 않도록 귀 뒤로 넘긴다.

자료: 국가직무능력표준 www.ncs.go.kr 구직기술 상담

그림 13-3 여성면접 복장

(6) 면접장에서의 인사

대기실부터 면접의 시작이다. 대기실에서 잡담을 하거나 휴대폰을 이용하는 행동을 피한다. 조용히 자신이 준비한 것을 본다. 대기실도 평가가 되고 있음을 명심해야 한다.

면접장에서 서있는 자세 중 남성은 주먹을 가볍게 말아 쥐고 차렷 자세를 취한다. 두 손은 자연스럽게 옆으로 내리고, 두발은 모으고 시선은 정면을 향해 등과 어깨를 편다. 여성의 경우는 두 손을 곱게 모은 공수자세를 취한다. 오른손을 왼손 위에 오게 하여 엄지손가락을 교차시키고, 손가락 끝은 살짝 안으로 말아 쥔다. 두 손은 배꼽아래 오게 하고 두발을 모은 자세로 시선을 정면을 향해 등과 어깨를 편다.

면접장에서 인사 방법은 허리를 펴고 고개는 숙인 상태로 45도 인사한다. 면접 시 인사를 할 때는 "안녕하십니까?"의 인사말을 먼저 한 후에 고개를 숙이고 인사를 한다.

자료: 국가직무능력표준 www.ncs.go.kr 구직기술 상담

그림 13-4 면접 시 인사법

2) 면접 시 답변 요령

질문의 요지를 파악하고 자신의 의견을 명확히 정리하여 간결하면서도 성의 있게 핵심을 답변하는 것이 중요하다. 두괄식으로 결론이나 핵심주제를 먼저 말하고, 뒷받침할 수 있는 근거나 예시를 덧붙여 말한다. 자신의 경험이나 이야기를 근거로 활용하면 좋다. 긍정적인 단어나 말을 활용하여 부드럽지만 자신감 있는 말투로 침착하게 답변에 임한다. 다른 지원자나 면접관의 이야기를 경청하는 고개 끄덕임도 추천한다. 기업에 대한 지식이나 발전전략을 준비했다면 그에 대해 언급한다. 토론면접 시에는

상대의 의견을 존중하고 정리한다. 프레젠테이션 면접 시에는 시각적 자료와 핵심키워드를 활용하여 '도입 → 내용 → 결론' 순으로 간결하게 말한다. 지치는 기색 없이 처음부터 끝까지 적극적인 태도와 밝고 긍정적인 표정으로 등과 어깨를 펴고 자신감 있는 모습을 보인다. 생각이나 주장을 말할 때 유용한 PREP법을 활용하여 설득적 말하기 답변도 훈련해 보자.

구분	내용
P(Point)	주장하거나 설득하고자 하는 핵심을 이야기한다.
R(Reason)	주장하려는 것에 대한 논리적 근거를 제시한다.
E(Example)	근거를 뒷받침할 수 있는 예시를 들어 설명한다.
P(Point)	마지막으로 결론이나 핵심을 다시 한 번 언급하여 주장을 마무리한다.

답변 시 주의 사항은 다음과 같다.

(1) 작은 목소리는 힘이 없어 보이거나 소극적이게 보이므로 작게 말하지 않는다.

(2) 말끝을 흐리거나 얼버무리지 않는다.

(3) 비속어나 은어, 줄임말, 일본어 등은 사용하지 않는다.

(4) 면접관이 말하는 도중에 끼어들거나 다른 구직자의 말을 끊지 않는다.

(5) 문제의 논점에서 벗어나서 동문서답하는 행동을 주의한다.

(6) 단답형 답변이나 너무 길어 장황한 답변은 하지 않는다.

(7) 부정적인 내용은 삼간다.

(8) 답변의 주제에 대한 명확성 없이 생각을 나열하지 않도록 한다.

(9) 모르는 것에 대하여 넘겨집어 이야기 하지 않는다.

(10) 불편한 주제나 질문에 대해 언짢은 표정을 짓거나, 불편한 심기를 드러내거나 공격적 발언을 하여 흥분한 모습을 보이지 않도록 한다.

활동 2

■ 모의면접 시행

10명의 친구와 함께 모의 면접훈련을 진행해 보자.

1. 내가 하고 싶은 면접 질문 리스트를 작성해 보자.

1) ______________________________

2) ______________________________

3) ______________________________

4) ______________________________

5) ______________________________

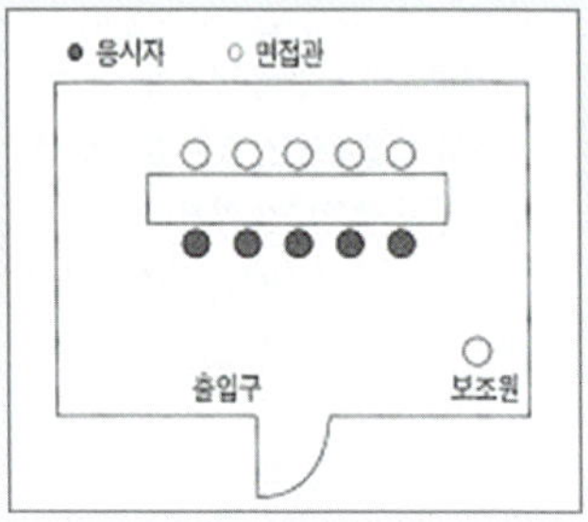

예시) 반드시 준비해야 할 면접 질문

1) 자기소개(PR)를 해보시오.
2) 직무수행 시 자신의 장점과 단점은? (경험중심 답변)
3) 지원한 직무는 어떠한 일을 하는지 아는 대로 말하시오.
4) 직무수행 시 필요한 핵심역량은 무엇입니까?
5) 핵심역량을 키우기 위해서 어떠한 노력을 했습니다.
6) 경험을 하면서 어떤 점이 어려웠나요? 어려웠다면 어떻게 극복했나요?
7) 자신의 전공학과에 대해서 설명하시오.
8) 좋아하는 교과목은 무엇인가요?
9) 지원동기와 구체적인 장래포부?
10) 자신의 전공학과에 대해서 설명하시오.
11) 자기개발을 위해 무엇을 할 것인가?
12) 최근뉴스 중 가장 관심 있는 뉴스는? 그 이유는?
13) 마지막으로 하고 싶은 말?

2. 모의면접 전 이미지평가표를 체크해 보자.

남자:

면 접 이 미 지 평 가 표 총 점 : (　　　)						
면접자 성명		남 / 여	**면접관 성명**		면접일자	년　월　일
면접자의 첫인상을 표현하는 적합한 단어를 아래에서 체크하시오**(3가지)**						

따뜻하다	애교가 있다	매력 있다	이지적이다	진지하다
친근하다	예의 바르다	이해가 빠르다	적극적이다	뱃장이 있다
조용하다	차분하다	인내력이 있다	유머가 있다	활동적이다
다정하다	친절하다	깨끗하다	논리적이다	침착하다
편안하다	성실하다	시원스럽다	열성적이다	박력이 있다
얌전하다	신중하다	명랑하다	낙천적이다	사교적이다

구분	**질 문 사 항**	**평 가**				
시선	시선은 안정적인가? (천장, 바닥을 보거나 피하지 않는가?)	5	4	3	2	1
	눈은 충혈되어 있지 않은가?	5	4	3	2	1
표정	환한 미소를 지어 호감을 주는가?	5	4	3	2	1
	표정이 굳어 있지 않은가?	5	4	3	2	1
자세	서 있는 자세는 올바른가? (시선, 턱, 상체, 손, 다리의 위치 적당여부)	5	4	3	2	1
	인사를 정중하게 하는가?(목소리, 각도, 시선, 속도, 예의)	5	4	3	2	1
	앉은 자세가 올바른가?(손, 다리위치, 무릎각도, 시선처리)	5	4	3	2	1
	바른 자세를 유지하는가? (다리를 떨기, 잦은 자세 변경 등)	5	4	3	2	1

의상 (남성)	머리	머리는 단정한가?(길이, 염색, 헤어제품 사용 등)	5	4	3	2	1
		앞머리는 눈을 가리지 않는가?	5	4	3	2	1
	얼굴	면도는 깨끗하고 코털이 보이지 않는가?	5	4	3	2	1
		이는 깨끗하고 입 냄새는 안 나는가?	5	4	3	2	1
	옷차림	전체복장은 단정하고 잘 어울리는가?	5	4	3	2	1
		옷의 사이즈와 소재는 적당한가?	5	4	3	2	1
		드레스셔츠의 구김이나 얼룩이 없는가?	5	4	3	2	1
		수트와 셔츠, 타이의 매치가 적당한가? (색상, 무늬)	5	4	3	2	1
		양말의 선택은 적당한가? (색상, 길이)	5	4	3	2	1
		구두는 청결하고 적당한가? (색상, 디자인, 청결)	5	4	3	2	1
총 평	당신은 지금 앞에 있는 면접자와 함께 일하고 싶은가?		10	9	8	7	6
			5	4	3	2	1

여자 :

면 접 이 미 지 평 가 표						
					총 점 : (	)
면접자 성명		남 / 여	**면접관 성명**		면접일자	년 월 일

면접자의 첫인상을 표현하는 적합한 단어를 아래에서 체크하시오**(3가지)**				
따뜻하다	애교가 있다	매력 있다	이지적이다	진지하다
친근하다	예의 바르다	이해가 빠르다	적극적이다	뱃장이 있다
조용하다	차분하다	인내력이 있다	유머가 있다	활동적이다
다정하다	친절하다	깨끗하다	논리적이다	침착하다
편안하다	성실하다	시원스럽다	열성적이다	박력이 있다
얌전하다	신중하다	명랑하다	낙천적이다	사교적이다

구분		질 문 사 항	평 가				
시선		시선은 안정적인가? (천장, 바닥을 보거나 피하지 않는가?)	5	4	3	2	1
		눈은 충혈되어 있지 않은가?	5	4	3	2	1
표정		환한 미소를 지어 호감을 주는가?	5	4	3	2	1
		표정이 굳어 있지 않은가?	5	4	3	2	1
자세		서 있는 자세는 올바른가? (시선, 턱, 상체, 손, 다리의 위치 적당여부)	5	4	3	2	1
		인사를 정중하게 하는가?(목소리, 각도, 시선, 속도, 예의)	5	4	3	2	1
		앉은 자세가 올바른가?(손, 다리위치, 무릎각도, 시선처리)	5	4	3	2	1
		바른 자세를 유지하는가? (다리를 떨기, 잦은 자세 변경 등)	5	4	3	2	1
의상 (여성)	머리	머리는 단정한가?(길이, 모양, 염색 등)	5	4	3	2	1
		앞머리는 눈을 가리지 않는가?	5	4	3	2	1
	얼굴	화장은 적당한가? (지나친 화장, 쌩얼)	5	4	3	2	1
		악세서리는 지나치게 화려하거나 튀지 않는가?	5	4	3	2	1
	옷차림	전체복장은 단정하고 잘 어울리는가?	5	4	3	2	1
		옷의 사이즈와 소재는 적당한가?	5	4	3	2	1
		이너웨어는 적당한가?(지나친 장식, 큰무늬, 노출정도)	5	4	3	2	1
		스커트의 길이는 적당한가? (서 있을 때와 앉았을 때)	5	4	3	2	1
		스타킹의 선택은 적당한가? (색상, 착용여부)	5	4	3	2	1
		구두는 청결하고 적당한가? (색상, 디자인, 청결, 높이)	5	4	3	2	1
총 평		당신은 지금 앞에 있는 면접자와 함께 일하고 싶은가?	10	9	8	7	6
			5	4	3	2	1

3. 모의면접 후 개인별 면접후기를 작성해 보자.

면접관이 원하는 것은 무엇인가?

1. 시선회피	WANT ➡	회피&안정
2. 긴장도	WANT ➡	매우긴장&양호
3. 몸동작	WANT ➡	산만&안정
4. 인상	WANT ➡	좋은&나쁜
5. 목소리	WANT ➡	작음&양호
6. 대화속도	WANT ➡	느림, 빠름&양호
7. 답변의 창의성	WANT ➡	진부&창의
8. 답변의 논리성	WANT ➡	모순&논리
9. 문장의 끝맺음	WANT ➡	흐리는지&매끄러운
10. 자신감	WANT ➡	안보이는지&보이는지

단원평가

문제 1. 면접 시 바르지 않은 자세는?

① 면접관의 말에 지속적인 고개 끄덕임

② 바른 복장 준비

③ 두괄식 답변

④ 경험을 바탕으로 한 신뢰도 높은 답변

정답 ① 면접관의 말에 지속적인 고개 끄덕임
(설명) 과도한 고개 끄덕임은 산만해 보일 수 있음.

참고문헌

국가직무능력표준(www.ncs.go.kr). 직업상담 학습모듈.
에듀스(2106). 승패를 결정하는 면접 HOT LINE.
엘리트코리아(2015). 맛깔 나는 밥상을 내 놓는 면접.
(주)인앤잡 출판기획팀(2015). 면접의 열쇠. (주)인앤잡.
취업뽀개기 편집위원회(2018). 면접상식사전. 도서출판 길벗.

CHAPTER

슬기로운 직장생활 14

학 | 습 | 개 | 요

- 직업활동은 수많은 사람들과 관계를 맺고 상호작용을 하는 것이기 때문에, 사람과 사람사이에 지켜야할 기본적인 윤리적 규범을 따라야 하는 것은 당연하다. 그러나 윤리라고 하면 많은 사람들이 너무나 당연하게 여긴 나머지 중요함을 망각하거나 매우 쉬운 것으로 오해하는 경향이 있다. 직업에 대한 윤리의 개념을 이해하여 예비사회인으로의 기본기를 다져야 한다.
- 또한, 원만한 직장생활을 하기 위해 요구되는 자세, 가치관 및 올바른 직업관을 직업윤리라고 한다. 직업윤리는 직업인들에게 요구되는 행동 규범으로서 인간 존중을 바탕으로 봉사하며, 책임감을 가지고 업무를 충실히 수행할 수 있게 한다.
- 이 단원에서는 직장의 규범을 지키고, 대인관계 시 예의를 지켜 행동할 수 있는 자세를 습득해 보고자 한다.

학 | 습 | 목 | 표

1. 예비직업인으로서 직업윤리 개념을 알고 실천할 수 있다.
2. 학생과 직업인의 차이를 분명히 이해하고 설명할 수 있다.
3. 직업인으로서의 기본적으로 알아야할 인사법, 전화예절, 이메일 작성법 등에 대한 역량을 배양할 수 있다.
4. 상황별 조직 내 예절을 익혀 기본적인 대인관계 기술을 이해하고 바르게 실천할 수 있다.

읽을거리

"사회적 믿음의 기반이 되는 직업윤리"

대학생	기업 인사담당자
1위 외국어 능력	1위 직업윤리
2위 구직서류 작성능력	2위 도전정신
3위 구직 희망분야 이해	3위 자기이해
4위 자기이해	4위 긍정적가치관
⋮	⋮
20위 직업윤리	20위 외국어 능력

(출처 : 경향신문, 2015.11., 대학생 "외국어"기업 "직업윤리"...취업 자질 '정반대 대답')

한국고용정보원에서 대학 재학생 600명과 기업 인사담당자 100명에게 '취업할 때 어떤 역량이 더 중요한지'를 물어보았습니다. 대학생들은 취업에 가장 필요한 자질로 외국어 능력을 꼽았지만, 기업 인사담당자들은 직업윤리를 가장 중요하게 여겼습니다.

기업의 입장에서 구직자가 직업윤리, 즉 자신의 일에 책임을 다하는 태도는 그만큼 중요하기 때문입니다. 하지만 이 자료를 보면 취업을 순비하는 학생들은 직업윤리의 중요성을 잘 느끼지 못하고 있는 것 같습니다.

그렇다면 많은 직업인이 중요하게 생각하고 있는 직업윤리란 정확히 무엇일까요? 직업윤리의 사전적 의미는 '특정 직업에 종사하는 사람들이 지켜야 하는 행동 규칙'입니다. 좀 더 구체적으로 직업윤리에는 자기가 맡은 일에 책임감을 느끼고 성실하게 일을 해야 한다는 것이 있습니다. 자녀가 이해하기 어려워한다면 주변에서 쉽게 만날 수 있는 직업을 예로 들어 소개해주세요. 쉬운 예로 선생님의 직업윤리는 '학생을 신뢰하며 진정한 성장을 도와야 한다.'입니다.

현대 사회는 분업화를 통해 수많은 사람이 함께 일을 하고 있습니다. 의료, 금융, 언론 등 우리가 잘 알지 못하거나 직접 통제하지 못하는 영역을 맡은 사람들에게 항상 도움을 받으며 살아가야 하기 때문에 직업윤리의 실천은 아주 중요합니다. 그리고 다양한 사람들이 각자의 직업윤리를 지키고 있다는 믿음은 사회가 유지되는 바탕이 됩니다. 오늘은 자녀가 미래에 되고 싶어 하는 직업인은 어떠한 직업윤리를 가져야 할지 함께 생각해보시면 어떨까요? 이러한 고민이 자녀의 책임감을 다질 수 있는 계기가 될 수 있습니다.

자료: 한국경제. 현대사회와 직업윤리, 2015.03.

생각해보기

- 기업에서 직업윤리를 중요하게 생각하는 이유는 무엇일까요?

1. 직업인으로서 윤리적 가치

1) 윤리(倫理)의 의미

윤(倫)은 인간관계에 있어 필요한 길, 도리, 질서를 의미하며, 리(理)는 다스린다, 바르다, 원리, 이치, 판단하다, 밝히다, 명백하다 등을 의미한다. 즉 윤리란 인간과 인간사이에서 지켜져야 할 도리를 바르게 하는 것이다. 인성지능이 높은 사람은 직업인으로서도 공동체를 우선으로 생각하고 직업윤리를 잘 실천한다.

2) 직업윤리(倫理)의 의미

개인윤리를 바탕으로 각자가 직업에 종사하는 과정에서 요구되는 특수한 윤리규범이 직업윤리이다. 직업에 종사하는 직업인으로서 누구나 공통적으로 지켜야 할 윤리규범(공동발전의 추구, 장기적 상호이익 등)을 말하는 것으로, 어느 직장에 다니느냐를 구분하지는 않는다. 직업윤리가 기본적으로 개인윤리를 바탕으로 성립하는 규범이기는 하지만 상황에 따라 양자는 서로 충동하거나 배치되는 경우도 발생하게 되는데, 이러한 상황에서 직업인이라면 직업윤리를 우선하여야 한다.

3) 직업윤리(倫理)의 기본원칙

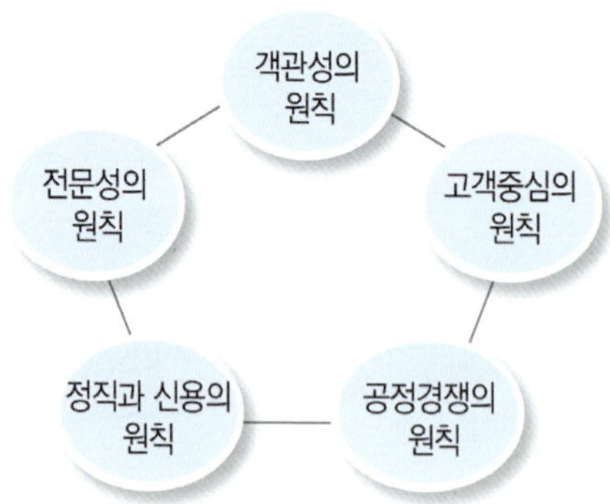

그림 14-1 직업윤리의 5대원칙

(1) 객관성의 원칙

업무의 공공성을 바탕으로 공사구분을 명확히 하고, 모든 것을 숨김없이 투명하게 처리하는 원칙이다.

(2) 고객중심의 원칙

고객에 대한 봉사를 최우선으로 생각하고 현장중심, 실천중심으로 일하는 원칙이다.

(3) 전문성의 원칙

자기업무에 전문가로서의 능력과 의식을 가지고 책임을 다하며, 능력을 연마하는 것이다.

(4) 정직과 신용의 원칙

업무와 관련된 모든 것을 숨김없이 정직하게 수행하고, 본분과 약속을 지켜 신뢰를 유지하는 것이다.

(5) 공정경쟁의 원칙

법규를 준수하고, 경쟁원리에 따라 공정하게 행동하는 것이다.

2. 직업생활 중 직업인의 자세

1) 직업인의 일상

대학을 졸업하고 학생신분을 벗어나 직장인이라는 인생의 전환기를 맞이하게 되면 생활의 패턴에 많은 변화가 생기게 된다. 직장에서 요구하는 복장을 갖춰 입고 정해진 출퇴근 시간에 맞춰 회사생활을 하게 된다. 퇴근 시간은 지키기 어렵지만 출근 시간은 꼭 지켜야 한다. 출근시간 엄수는 직장인의 성실도를 평가하는 척도가 된다. 아침에 출근하자마자 이메일 체크를 통해 오늘 해야 할 업무 중 우선순위를 정한다. 또한 회의를 통해 다른 사람의 업무를 이해하게 되고 나의 업무가 새롭게 생성이 되기도 한다.

직장 내 사무실에서 팀이나 부서 소속으로 일을 하면서 상사, 동료의 개념을 형성하고 새로운 인간관계가 시작된다. 업무로서 고객을 만나거나 외근을 통해 거래업체 직원과의 업무를 매개로 한 인간관계의 네트워크가 구축된다. 퇴근 이후에는 회식자리를 통해 하루 일과의 어려움을 토로함으로서 공감대를 형성하는 자리를 통해 돈독한 친분을 쌓을 수 있는 기회가 되기도 한다.

하루 24시간 중 최소한 8시간을 보내게 되는 회사에서의 원만한 인간관계를 유지할 수 있게끔 하는 직장예절은 만족스러운 직장생활에 큰 영향을 미치기 때문에 중요함이 강조된다. 학생신분으로 부모님께 받는 용돈을 벗어나 스스로 일한 댓가로서, 매달 급여라는 고정적인 수입으로 경제적 독립을 하게 된다. 이렇듯 간략하게 살펴본 직장인의 일상을 통해 우리는 예비 직장인으로서 갖춰야할 직장 예절의 필요성을 느낄 수 있다.

2) 학생과 직업인의 차이점

학생은 학교의 방학기간을 통해 휴식과 자기개발을 할 수 있지만 직장인이 되면 방학은 존재하지 않는다. 학생은 학교에서 이론 지식 중심의 학습을 주로 하지만 직장인이 되면 업무 수행을 통해 학교에서 배운 지식을 활용하여 실천하게 된다. 학생은 선생님의 가르침을 받지만 직장인이 되면 상사의 지시에 따라 일을 하게 된다. 학생은 학교에 등록금을 납부하고 공부를 하지만 직장인이 되면 회사 내 구성원들의 공동 목표 달성을 위해 일을 하고 급여를 받는다. 특히 신입사원은 급여를 받으면서 일을 배우는 시기이기 때문에 상사는 빠른 기간 내에 업무를 습득하고 적응하여 회사에 이익을 가져다주길 기대한다. 학생은 또래의 친구들과 함께 학교에서 공부를 하지만 직장인이 되면 다양한 사람들이 함께 모여 일을 한다. 이

외에도 학생과 직장인의 차이점은 무수히 많다. 친구들과 함께 이야기를 해보면서 예비 직장인의 마음가짐을 가져보자.

3) 대인관계 형성

학생 시절에는 나의 성향에 잘 맞는 친구를 골라서 사귈 수 있었지만 직업인이 되면 인간관계는 선택하기 보다는 주어지는 상황에 처하게 된다. 따라서 부하직원으로서 상사의 업무 스타일에 맞춰야 하는 입장이 되는 일이 빈번해 진다. 많은 사람들이 직장 내 인간관계의 어려움을 토로하는데 그만큼 마음이 맞는 상사 및 동료와 함께 일하는 것은 쉽지 않은 일이다. 회사는 상하조직인 만큼 부하직원의 입장으로서 상사를 보필하고 어려운 상황이 닥칠 경우 스스로의 노력을 통한 훈련과 인내심으로 견디는 내공을 쌓아야 함을 명심해야 한다.

3. 예비 직장인의 긍정적인 자기 연출법

1) 나의 업무에 대한 자부심을 가진다.

성공하는 직업인의 첫 번째 원칙은 나의 일에 대한 자신감과 자부심을 갖는다는 점이다. 하루의 대부분을 직장에서 보내기 때문에 직장 내 나의 일에 대한 애정과 자신감은 삶의 질을 높여준다. 신입사원 시기에는 복사, 회의준비, 사무실 환경 정비 등과 같은 사무환경에 적응하기 위한 기초업무를 수행하며 일을 배우게 된다. 예를 들어, 복사할 문서 안에는 회사 업무에 대한 내용이 반영되어 있기 때문에 복사를 통해서도 스스로 업무를 익힐 기회가 된다. 어떤 업무라도 나의 업무라면 자부심을 갖고 스스로 배우기 위한 자세를 갖는 것이 중요하다.

2) '나 자신을 사랑하라' 긍정의 자아존중감을 가져라.

자존감이란 '자신의 능력, 중요성, 성공 가능성, 가치에 대해 스스로 믿는 정도'를 의미하며 자기 자신을 스스로 평가하는 것이다. 나 자신을 스스로 사랑하는 사람만이 다른 사람의 사랑도 받을 수 있다. 다른 사람에게 인정받기 이전에 나 자신을 먼저 인정해주면서 자존감을 향상시키고 보다 나은 인간관계를 구축하기 위한 밑거름을 만들어 보는 것이 중요하다.

3) 공감적 이해력을 갖춘다.

공감적 이해력은 타인의 감정을 읽고 감정을 이입하는 능력이다. 상대방의 입장에서 이해하고 표현하려는 마음가짐을 지닐 때 상대방은 친절함을 느끼는 동시에 나와 내가 속한 조직에 대해 좋은 인상을 가질 것이다.

4) 단정한 용모와 복장을 유지하라.

사람을 평가할 때 이미지는 매우 중요한 역할을 합니다. 용모는 타고나는 것이지만 생활환경이나 사고방식에 따라 충분히 개선할 수 있다. 복장은 기본적으로 체온을 유지하고 위험에서 보호하는 역할 외에도 상대방에 대한 최소한의 예의를 표현하는 수단이 되기도 한다. 단정한 용모와 복장을 유지하여 준비된 직장인의 자세를 보여주어야 함을 강조한다.

활동 1

조직 안에서 나의 생존 지수는?

다음 자가진단 테스트를 통해 조직에서 살아남는 나의 생존지수를 확인하고 성공적인 사회적응을 위한 직장예절을 익혀 봅시다. 직장인이 된 나의 모습을 상상하며 다음 질문에 'Yes' 또는 'No'로 체크하시오.

내 용	Yes	No
1. 능력과 실적이 뛰어나면 자연스럽게 승진되고 연봉도 올라갈 것이다.	□	□
2. 직접 하기 어려운 말은 이메일로 전하는 게 편하다.	□	□
3. 개인적으로 어려운 문제가 생기면 회사동료나 인사담당자와 상의한다.	□	□
4. 회사는 재정적 어려움 때문에 어쩔 수 없이 직원을 정리 해고한다.	□	□
5. 내가 맡은 업무는 스스로 알아서 처리하는 것이 바람직하다.	□	□
6. 회사와 상사는 똑똑하고 유능한 인재를 원한다.	□	□
7. 휴가는 재충전의 시간이므로 한꺼번에 몰아서 장기간 다녀온다.	□	□
8. 직장에서 말하지 못했던 불만사항은 회식 자리에서 꺼내는 것이 좋다.	□	□
9. 노동법은 부당해고로부터 직원을 보호해준다.	□	□
10. 내가 옳다면 회사는 상사보다 내 편을 들어줄 것이다.	□	□

• 나의 생존지수는 ________%
• 나의 생존지수를 높이기 위한 전략 :

'Yes' 답변 개수	9개 이상	6~8개	3~5개 이상	0~2개 이상
생존 가능성	10% 이하	30%	50%	70% 이상
나의 생존 전략	평소 회사 방침을 100% 지지하는 태도를 보여 신뢰를 쌓고 문제가 생기면 개인적으로 말해야 한다. 또한 '형편이 안 좋아서 어쩔 수 없다거나 회사 방침 상 해당부서가 없어진다.'는 설명에 속지 말자. 회사는 '블랙리스트'로 찍은 직원들을 어떻게 제거할 수 있을까 궁리한다.	인사고과는 '상사가 부하직원을 어떻게 평가하는가'가 중요하다. 따라서 상사의 시각을 관리해야 한다. 특히 회사에 대해 비판적인 목소리를 내는 동료와 어울리면 미운털 박히기 십상이다.	스스로 회사 생활에 대해 높은 점수를 주고 있겠지만 안심하긴 이르다. 존재감을 부각시킬 필요가 있다. 또한 변화하는 기업환경에 대처하기 위해 동원할 수 있는 모든 무기를 준비해야한다.	현재 회사에서 승승장구한다고 '오버'하지 마라. 높은 위치에 올라갈수록 '동맹군'을 만들어야 한다. 단 누구에게나 좋은 사람이 되려고 하면 아무에게도 존경받지 못한다.

4. 조직 내 직업인 예절

1) 출근 전 직업인 예절

(1) 옷차림

직장인은 늘 옷차림에 신경써야 한다. 항상 깨끗하고 단정한 복장을 유지하고, 작업복이나 유니폼이 있는 경우에는 미리 바꿔 입어서, 출근 시간에는 바로 일을 시작할 수 있게 한다. 대인관계가 많은 사람일수록 정장에 넥타이를 매는 것이 좋다. 너무 유행에 뒤떨어진 진부한 옷차림도 곤란하지만 지나치게 유행을 앞서가는 옷차림 역시 곤란하다.

(2) 출근 시간

최소한 근무시간 10분 전까지는 도착하도록 한다. 출근 전에는 교통체증을 감안하여 여유 시간을 가지고 서둘러야 한다. 예기치 않은 상황으로 지각을 하게 될 경우에는 회사에 미리 연락을 하여 업무에 지장을 초래하지 않도록 한다.

2) 출근 후 직장예절

(1) 상황별 인사법

인사는 예절의 기본이 되며 마음의 표현이자 인간관계가 시작되는 신호가 된다. 아울러 직장 내 신입사원의 정중하고 올바른 인사는 자신의 인격을 드러낼 수 있는 최초의 행동이 되며 성실한 이미지를 심어주는 포인트가 된다. 다음의 장소와 상황에 적절한 인사말과 자세를 알아봄으로서 상대방의 인격을 존중하고 경의를 표하는 직장 예절을 갖춰보자.

상대방이 멀리서 다가올 때

인사말을 먼저하고 인사

앉아서 인사할 때

앉은 자세에서 15° 정도로 인사

전화통화 중일 때

눈인사를 함. 용무가 있는 경우 "잠시 기다려 주시겠어요"라고 부탁한 후 가급적 빨리 전화를 끊는다

외출 시

목적, 장소,
귀가예정시간 등을
분명하고 구체적으로 말함
*외출 시 – "다녀오겠습니다"
*외출 후 – "다녀왔습니다"

상대방이 먼저 인사했을 때

반드시 대답한 후에 인사함
"네-안녕하세요"

복도, 계단에서 만났을 때

간단한 예의를 취한 후 적당한 거리에서 눈높이가 맞을 때 인사

업무 중 상사가 지나갈 때

자리에 앉아서 눈인사

인사를 생략해도 괜찮은 때

위험업무, 복잡한 계산 중일 때
회의 또는 교육 중일 때
상사의 결재 중일 때
중요한 상담 또는 면담 시

(2) 자리를 비울 시 직장예절

근무 시간에는 원칙적으로 자리를 비우지 않는 것이 바람직하다. 잠시 비우는 경우에는 동료직원에게 행선지, 용건, 돌아올 시간 등을 미리 알려주어야 한다. 피치 못할 사정으로 외출을 하여야할 경우에는 공적이든 사적이든 상사의 허락을 받고, 사무실에 오는 대로 결과를 보고한다. 외출하는 동안에도 사무실에 연락하여 상황을 파악해둔다. 출장, 교육 등으로 인한 자리 비움의 경우에는 부서 내의 동료 뿐만 아니라 자신과 업무의 연결성을 갖는 타 부서 동료에게도 부재 중임을 알리는 것이 좋다.

(3) 전화 예절

직장 내에서의 올바른 전화예절을 익히는 일은 곧 업무수행능력을 향상시키는 것으로서 '업무의 기본'이라 할 수 있다. 전화를 거는 방법이나 받는 태도로 인하여 고객이나 상대방의 기분을 상하게 하는 것은 회사의 이미지 실추와 직결되기 때문에 항상 친절하고 예절 바른 전화 응대가 요구된다.

전화를 받을 때에는 전화벨이 3번 울리기 전에 받는 것이 중요하다. 너무 빨리 받게 되는 경우 상대방을 당황시킬 수도 있고 너무 늦게 받을 경우에는 다른 동료들의 업무에 방해가 될 수 있기 때문이다. 책상에는 전화를 받게 될 시에 필요한 메모장이 준비되어 핵심내용을 메모해 둔다. 전화을 건 상대방이 용건에 경청하고 정확하고 요령있게 용건을 묻고 호응하며 끝까지 경청하는 것을 강조한다. 또한 전화를 건 목적, 시간, 장소, 기한 등의 용건을 정확하게 확인하고 끝인사도 정중하고 센스 있게 진행해야 한다. 정중하게 끝인사로 마무리 하며 상대방이 끊은 후 수화기를 내려놓는 것이 좋다.

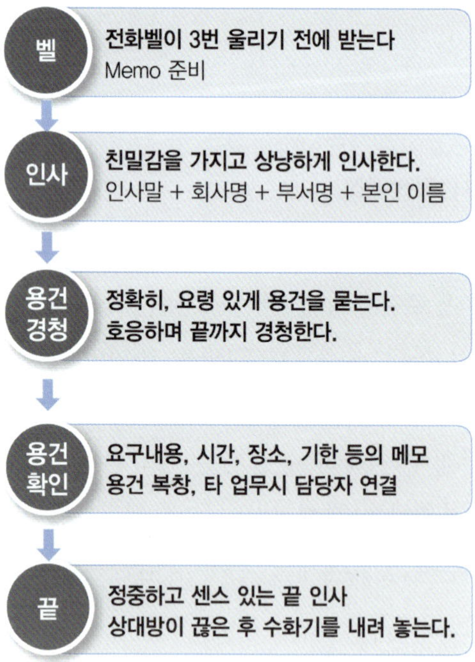

활동 1

전화 응대 실습

친구와 함께 전화를 받는 역할과 거는 역할을 분배하여 전화응대 요령에 대하여 실습해 보고, 상황에 대한 잘못된 점을 생각해 봅시다.

[상황 1]

A : 여보세요?

B : 네~ 안녕하세요! 한팀장님 부탁드립니다.

A : 네? 누구요? 한팀장님 이요? 지금 없는데요~

B : 아~ 네.. 알겠습니다. 다시 연락드리겠습니다.

A : 아 ~네! 뚝.

잘못된 점은 무엇일까요?

위 상황에 대한 잘못된 점을 보완하여 친구와 함께 전화를 받는 역할과 거는 역할을 분배하여 전화응대 요령에 대하여 실습해 보고, 전화를 받는 역할의 친구는 전화 내용에 대하여 간략히 메모를 남겨 봅시다.

[상황 2] 일시 : 10월 2일(수) AM 11시

A : 감사합니다. OO부서 OOO입니다.

B : 네~ 안녕하세요 ~ OO기업 OOO입니다. 한성실 팀장님 부탁드립니다.

A : 네~ 지금 잠시 부재중이십니다. 어디시라고 전해 드릴까요?
메모 남겨드리겠습니다. (전화 건 목적, 연락처)

B : 아~ 네. 도레미기업 OOO이라고 합니다.
오후 회의미팅 확인 차 전화드렸습니다.

A : (메모한다.) 네. 전달해 드리겠습니다. 연락처 어떻게 되십니까?

B : 010-1234-5678입니다. 부탁드리겠습니다.

A : 네 ~ 감사합니다. 전달해 드리겠습니다.

예시를 참조하여 액션 메모 남겨 봅시다.

〈액션 메모 예시〉

• 다른 사람의 전화를 받았을 경우 - 그 사람의 전화를 받을 수 없는 상황, - 통화 가능한 시간에 대해 말하기 • 전화 건 사람 성함, 용건 등 물어보고 메모하기 - 회사명, 이름, 일시, 장소, 수량, 중요한 사항에 대해 천천히 반복, 복창 • 메모는 전달받는 사람 책상의 잘 보이는 위치에 부착 • 급한 용건의 경우 전화로 바로 전달, 회의 중일 경우 문자로 발송해야함	〈작성법〉 To: 홍길동 과장님 From: OO전자, 이몽룡 과장님 용건: 내일 2시 미팅일정 연기 건으로 휴대폰으로 전화요망 연락처: Mobile. 010-5555-7777 전화 받은 날짜: 10/2(수) 전화 받은 시간: AM 11:10 받은 사람: 김진로

(4) 악수 예절

악수는 새로운 관계를 맺는 상대와의 첫 접촉이며 여러 표현과 감정을 전달할 수 있기 때문에 직장인으로서 중요한 행위가 된다. 악수할 때 먼저, 얼굴에 미소를 띄운 채 상대방을 바라보고 인사말을 건넨다. 적당한 압력으로 손을 잡고 2~3회 가볍게 흔든다. 이때 악수한 상태에서 이야기를 오래하지 않아야 한다. 악수하지 않은 손은 주머니에 넣지 않도록 주의를 해야 한다.

(5) 명함 예절

명함은 그 사람의 얼굴을 대신하는 기능으로 자신을 알리는 수난으로 활용이 된다. 따라서 명함을 주고받을 시 예절에 어긋나지 않도록 요령을 갖춰야 한다.

명함은 아랫사람 또는 손님이 먼저 건네며, 건넬 때는 소속과 이름을 말한다. 명함을 상대방이 읽기 쉬운 방향으로 전달한다. 명함을 받을 때는 정중하게 일어서서 두 손으로 받으며 명함 받은 손을 다른 한손으로 살짝 받치는 느낌을 주어 공손함을 표한다. 받은 명함은 구겨지지 않도록 잘 보관하여 소중하게 다루는 인상을 주도록 노력한다.

명함에는 메모를 하지 않는다. 명함을 받고 자신의 명함을 건네지 않는 것은 실례가 될 수 있으며 명함이 없는 경우 상대에게 양해를 구한다.

(6) 이메일 작성 예절

최근에는 메일을 통해 업무를 전달하고 보고하는 일이 빈번해 지고 있다. 바람직한 업무 이메일 작성법을 잘 숙지하여 업무 효율을 높여야 한다. 제목은 용건의 핵심이 잘 드러나게 작성해야 한다. 내용은 말하고자 하는 내용을 간단명료하며 길지 않게 작성해야 한다. 이메일 작성의 끝 인사는 업무 차 메일이라도 마지막에는 인간미를 느낄 수 있는 좋은 글귀로 마무리한다. 첨부파일은 수신자가 파일을 열어보지 않아도 내용을 미리 짐작할 수 있도록 작성한다.

(7) 퇴근 시 직장예절

퇴근 준비는 근무 시간이 끝난 후부터 한다. 퇴근 시간이 되기도 전에 미리 서두르지 않도록 한며, 그날 처리한 일을 체크해놓고, 다음 날 해야 할 일도 점검하여 다음 날 업무가 효율적으로 진행 될 수 있도록 준비 후 퇴근한다. 책상 위에는 아무것도 없도록 깨끗하게 치우고, 전기기구의 전원을 반드시 꺼놓는다. 상사가 퇴근하고 나서 퇴근하는 것이 좋겠지만 먼저 퇴근해야할 경우에는 상사 및 동료에게 퇴근을 알리는 인사를 반드시 한다. 외근 상태에서 바로 퇴근을 해야 하는 경우에는 퇴근 시간 전에 상사에게 전화로 보고하고 퇴근한다.

5. 상황별 직장예절

1) 결혼식 예절

예식시간에 맞춰가는 것보다 30분 정도 일찍 도착하여 축하의 말을 전한다. 결혼식 후 기념촬영에 임하여 참석의 표현을 나타낸다. 신부의 드레스와 같은 흰색 색상의 의상은 피하고 화사한 의상을 갖춰 입는다. 축의금 봉투의 앞면에는 ‘축 결혼’, 뒷면에는 이름과 소속을 작성하고 봉하지 않는다. 결혼식에는 '축의금', '부조금' 명칭을 부르는데 '부조'는 결혼식, 장례식 모든 경우에 사용할 수 있는 표현이다. 흔히 사용되는 '부주'는 부조의 잘못된 표현이므로 주의해야 한다.

2) 문병 예절

병문안 자체가 부담을 줄 수 있기 때문에 가기 전에 환자의 상태에 대해 미리 알아봐야 한다. 문명 시간은 병원에서 정해진 시간을 미리 알아보고 환자의 식사나 회진 시간은 피한다. 환자가 집에 있을 경우 꽃을 가져가도 되지만 병원에 있을 경우 꽃은 피하는 것이 매너이다. 병문안은 가급적 짧게 끝내 환자에게 부담을 주지 않도록 한다. 회진 시 복도에서 끝날 때까지 기다린다.

3) 조문 예절

조문은 상가에 가서 죽은 이에게 예를 올리고 유족을 위로하는 것을 의미한다. 슬픈 일을 당했을 때 찾아가서 위로하는 것은 대인관계의 기본이라 할 수 있다. 기쁜 일보다는 슬픈 일이 있을 때 더 마음을 써줘야 한다. 조사는 경사와 다르게 갑작스러운 경우가 대부분이기 때문에 상을 당했다는 연락이 오면 가급적 빨리 방문하는 것이 도리이다. 조문객의 옷차림은 남성의 경우 검정색 양복, 넥타이, 양말, 구두로 하며 셔츠는 흰색으로 한다. 여성의 경우 검정색 정장, 구두, 스타킹이 좋다. 되도록 색조 화장은 피하며 혹시 예를 갖추지 못했을 경우 "오늘 소식 듣고 급하게 오느라 옷을 갖춰 입지 못했습니다. 죄송합니다." 라고 말한다. 봉투에는 일반적으로 '부의(賻儀)'라고 작성하는 것이 일반적이고 '근조(謹弔)', '조의(弔儀)', '전의(奠儀)', '향촉대(香燭臺)'라는 표현을 쓰기도 한다. 조의금은 문상을 마친 후 물러나와 호상소에 접수시키거나 부의함에 직접 넣는다. 부득이 한 경우를 제외하고는 상주에게 직접 건네는 것은 결례가 된다.

[조문 시 순서]

- 상가에 도착하면 문밖에서 외투나 모자를 벗는다.
- 상제에게는 가볍게 목례만 하고 영정 앞에 무릎을 꿇고 앉는다.
- 분향한다. 나무향의 경우 오른손으로 향을 집어 왼손으로 손목을 받치며 향로불 위에 놓는다. 선향(막대향)의 경우 한 개를 집어 촛불에 불을 붙인 다음 손가락으로 잡아 끄거나 왼손으로 가볍게 흔들어 끈다. 절대 입으로 불지 않는다.
- 영정 앞에 일어서서 잠깐 묵념 후 두 번 절한다.
- 영좌에서 물러나 상제에게 절을 한 번 하고, 무릎을 굽혀 앉은 다음 상주에게 위로의 말을 전한다.
- 일어서서 몇 발자국 뒷걸음으로 물러난 다음 몸을 돌려 나온다.

단원평가

문제 1. 직장 내에서 전화벨이 울릴 때 __번 울리기 전에 받는다.

정답 3번

(부연설명) 너무 빨리 받게 되는 경우 상대방을 당황시킬 수도 있고 너무 늦게 받을 경우에는 다른 동료들의 업무에 방해가 될 수 있다.

문제 2. 상황에 따른 직장 예절 중 잘못된 것은?

① 예식시간에 맞춰가는 것보다 30분 정도 일찍 도착하여 축하의 말을 전한다.
② 병문안은 가급적 짧게 끝내 환자에게 부담을 주지 않도록 한다.
③ 조사는 경사와 다르게 갑작스러운 경우가 대부분이기 때문에 상을 당했다는 연락이 오면 가급적 빨리 방문하는 것이 도리이다.
④ 조의금은 문상을 마친 후 물러나와 상주에게 직접 건넨다.

정답 ④

(부연설명) 상주에게 직접 건네는 것은 결례가 된다.

참고문헌

삼육대학교(2019). 인생설계와 진로. 엘리트코리아.
채희원 외(2018). 직업기초능력 개발과 응용. 한국폴리텍대학.

저자소개

박완성 pwansung@syu.ac.kr
고려대학교 교육학과 졸업
고려대학교 대학원 교육학과 졸업(교육학 박사)
삼육대학교 입학처장, 교육혁신단장, 교수학습개발센터장 역임
삼육대학교 교무부처장, 인력개발원 부장, 커리어개발센터 부장 역임
현: 삼육대학교 학부 교직과 교수
삼육대학교 대학원 상담심리학과 교수
해피에듀 연구소장
한국진로교육학회 감사
한국교육심리학회 운영위원
교육부 교양선택 교육과정 심의위원
경기도 교육감 위촉 경기도 진로협의회 위원

저서: 알기 쉬운 진로상담(공저), 교육과학사
교직실무, 학지사
논문: 고교생의 진로자아효능감·진로준비행동과 관련변인과의 관계-심리적 독립성, 성역할 정체감, 학업성취를 중심으로 외 다수

문윤경 mykjobs@daejin.ac.kr
경기대학교 직업학과 박사
동국대학교 역량개발센터 학생지도교수
현: 대진대학교 취업지원센터 조교수
취업진로학회 상임이사
진로창업학회 진로분과위원

저서: 진로설계와 리더십 개발, 북코리아
여성비전과 직업, 보명북스
나도 인턴간다, 대진문화사

채희원 passionjob@syu.ac.kr
경기대학교 직업학과 박사
한국NCS연구소 이사
인스타커리어 대표
현: 삼육대학교 스미스교양대학 조교수
한국산업인력공단 기업컨설팅 책임연구원
한국산업인력공단 '세분류: 직업상담' NCS개선연구원, 학습모듈 대표저자

저서: NCS직업기초능력의 이해(심화편), 서울문화사
인생설계와 진로, 엘리트코리아
NCS직업기초능력 문제풀이집, 우리시스템

대학생활의 진로돋보기

초판 1쇄 인쇄 / 2021년 3월 2일
초판 1쇄 발행 / 2021년 3월 5일

•

공저자 / 박완성 · 문윤경 · 채희원
발행인 / 이 중 수
발행처 / **동 문 사**

•

서울특별시 서대문구 홍제원 1길 12
(홍제동 137-8)
Tel : 02)736-3718(대), 736-3710, 3720
Fax : 02)736-3719
등록번호 : 1974.04.27. 제9-17호
가격 : 18,000원

•

ISBN : 979-11-6328-214-3 (93370)
E-mail : dong736@naver.com
www.dongmunsa.com